# 「何、やってんだ！」
# 地方から政治を変える

佐々木健悦　著

老人党宣言のなだいなだ氏

社会評論社

## 前口上

どこにもある地方自治体の例として、私の暮らす千葉県白井市を挙げ、地方議員と住民運動を問題にする。

### ●「議員先生、何、やってんだ！」

国政で政権与党は司法界と官界を牛耳《ぎゅうじ》り、教育とマスコミを通じて国民をマインド・コントロールする。自公民政府は国会答弁や記者会見で、論点を外《はず》して躱《かわ》し、逃げを決め込む。政治家《ステイツマン》は皆無。次の選挙だけを気に懸ける政治屋は「統一教会」に擦り寄り票を集め、政治業者として「パーティ券を売って「裏金」を稼ぐ。

地方議員に大所高所に立ったグローバルなステーツマンシップを期待できない。住民運動は途中で萎《しぼ》む。

### ●我がまち千葉県白井市

私は総人口約6万3千人の「白い梨の花咲く緑豊かな田園のまち白井市で暮らしている。その西白井街区は「本当に住みやすい街大賞2023シェアランキング第2位」に選ばれた。

私はここ数年、白井の市議会の傍聴を続けている。市議会傍聴は退職して年金生活を送る私の新しい仕事あるいは道楽になってしまった。有権者数は約5万1千人。年金生活者は約1万6千人。

勤めのない年金生活者は、古代ギリシャの市民と同じように時間的に自由が利《き》き、市議会傍聴もできる。

しかし、傍聴人は欲求不満に陥る。「何、言ってんだ、この議員」と思っても、安倍晋三のように野次を飛ばせないからだ。

「地方自治は民主主義の最良の学校であり、その成功の最高の保証人である」（英国の政治学者J・ブライス）。しかし、地方自治の根本精神を弁《わきま》えぬ市議や市民があまりに多い。

何で、そんなピンボケの下らぬ質疑をするんだ、重箱の隅を楊枝でほじくるような詰まらぬ質疑をするんだ、何で応《こた》えにならない返答をするんだ？と怒鳴りたくなる。

世の中、右も左も真っ暗闇じゃござんせんか。私は、右でも左でもない。「是は是、非は非」で臨む。「非を是とするは愚」（荀子）であるから。

前著『こんな人たち』（二〇二二年一〇月）の第一部では白井市の議員名を仮名にした。しかし、「武士の情け」も「仁義」も弁《わきま》えぬ連中が多すぎるので、今回は実名で記す。

## ●古代アテネの民主政

以下で地方自治を論じるが、しばしば古代アテネの民主政に想いを馳せ、引き合いに出す。白井市を中規模の都市国家に見立てて、地方自治を論じる。

古代ギリシャ全域に1000余りのポリスが存在し、アテナイは最大規模の都市国家だった。

総人口は奴隷民を含む15万から20万。選挙権のある20歳から50歳の成人の男性市民は約2万5千人。生産活動には約5万ないし7万人が従事していたから、一般市民は時間的に自由が利《き》いた。

18歳以上の成人の男性市民で構成される市民総会は、月に4回開かれ、約10％の市民が出席したらしい。

10の選挙区《トリブス》から各50人を選出して計５００人で評議会を構成し、民会の議案の予備的審議を行ない、民会に提出された。

年に1回、10の選挙区から各1人を選出し、10人で「ストラテゴス」［言わば内閣］を構成した。彼らは執政官《アルコーン》と呼ばれ、公金横領や裏金などを必要としない資産家ばかりだった。陶片で６０００票を超えると、国外に10年間追放された［陶片追放《オストラキスモス》］。

この他に「民衆裁判所」が設けられ、30歳以上の市民が応募して、抽選で陪審員になった。日当は３オボロス［約５千円］。

東京都世田谷区長の保坂展人《のぶと》氏が二〇二四年五月刊行の『国より先にやりました』で、５％改革の政治実践を公けにした。我が白井市は国政に１００％追随するだけである。

これから、武士道と任侠道に則って、信義と仁義ある闘いにかかる。さあ、単身、討ち入りだ、殴り込みだ。滅多斬りにするから、覚悟せよ、用心しな。

# 第一部

## 地方議員と住民運動

二〇二一年一〇月～二二年九月

# 第一部　地方議員と住民運動　二〇二一年一〇月～二三年九月

「白い梨の花咲く緑豊かな田園のまち」千葉県白井市で暮らす私には、市議会での審議など「かかわりのねえ」ことだった。しかし、ひょんなことから、市議会の傍聴を始め、傍聴を重ねるうちに怒り心頭に発し、激烈なルポを綴り、右も左も打《ぶ》った斬る羽目に陥った。

## ◆議員は傍聴されたくない

市議会の本会議は録画され自宅でも視聴できるが、直接、傍聴しなければ、審議と議員の実況を具《つぶさ》に観察できない。カメラは発言者にのみ向けられ、議長と質疑者と賛否の意見を述べる市議に交互に向けられ、居眠りしたりニヤニヤ傍観したりしている市議には向けられないから、議場の雰囲気は録画視聴する市民には伝わらない。賛否の表明は押しボタン方式で行われるが、居眠りしていた市議が寝ぼけて賛否のボタンを押し間違えることもある。

ところが、不勉強でまともに意見が言えない議員ほど傍聴されたくない。白井市議会は新型コロナウイルスの感染拡大を口実に、市議会傍聴を「できる限りお控えいただくようお願いすることといたしました」と言い出した（二〇二二年二月一五日発行の『しろい議会だより』）。はっきり禁止するのではなく「できるだけ控える」のであり、「いたしました」と文末を自動詞で結び、婉曲な政治言語を並べた。

傍聴は仰々しく扱われた。傍聴人は氏名と住所と電話番号を書かされ、傍聴券の交付を受けなければならなかった。傍聴券の「傍聴の際の注意事項」を読めば、傍聴人は要注意人物扱いされていることが判る。しかし、二三年四月からは、議場の入口の傍聴カードに氏名・住所・電話番号を書くだけになった。

傍聴者は議員の発言に賛否を表明することも禁じられ、拍手もできない。私語を慎み、静粛を旨とし、畏《かしこ》まっていなければならない。

「住民に開かれた議会」であるはずなのに、審議に参加できず、ひたすら、議員諸賢のご高説やら愚見を拝聴しなくてはならない。

白井市議会を傍聴すると、市議の「知識水準」の低さと「不見識」に呆れ、市議としての職務怠慢に腹が立つ。彼らに市政の舵取りをされては堪らない。

「日残リテ暮《クル》ルニ未ダ遠シ」（三矢清左衛門）。市議場は出勤の要の無い隠居の格好の居場所。せいぜい議員どもに煙たがられるべし。

# 第一話　自治体議会低調の元凶は「討論一人一回の原則」

## ◆討議にならない「討論一人一回の原則」

「討論」は、言わば「キャッチボール」。「討論一人一回の原則」に従えば、言いっ放し言われっ放しで、「討議」にならない。理を離れず繰り返し「討論」を重ね「討議」してこそ、正論が見えてくる。

国会での審議や論戦が劣化して久しいが、自治体議会の審議は元々、低調で低級、「熟議」からはほど遠い。それもそのはず、「討論一人一回の原則」があるからだ。

「標準町村議会会議規則」の「第5章　議事」の第52条には、「討論については、議長は、最初に反対者を発言させ、次に賛成者と反対者をなるべく交互に指名して発言させなければならない」と明記され、何度発言してもよい。ところが、大抵の自治体議会では「討論」は「一人一回の原則」が慣行になっている。同一議員が同一議題について、賛否の意見を一人一回限りで述べるのが原則で、反覆討論を許さない。

全国町村議会議長会編『議員必携』は、この原則は、「二回以上の討論を重ねると、理論を離れて感情論に流れるおそれが強く、必ずしも賛成、反対の意見を徹底させることにはならないし、議事整理の上からも適当でないところから生まれた原則である」と勝手な説明を加えている（143頁）。

白井市議会の慣行も、本会議での「討論」は一人一回。近隣の市議会でも「討論一人一回の原則」が慣行になっている。さらに白井市議会では常任委員会で意見を述べた市議は本会議で賛否の意見が言えないことになっている。

本会議での議事は「質疑」「討論」「採決」の順で進められる。提案者の提案説明の後《あと》、「質疑」に移るが、「質疑」は質問と回答で3往復可能だ。「質疑は、同一議員につき、同一議題について3回を超えることができない。ただし、特に議長の許可を得たときは、この限りでない」（「白井市議会会議規則」第56条）。しかし、賛否の意見は一人一回しか述べることができないと、全国町村議会議長会編『議員必携』にはある。

「討論については、議長は、最初に反対者を発言させ、次に賛成者と反対者をなるべく交互に指名して発言させなくてはならない」（「白井市議会会議規則」第53条）。

白井市の改革派の元市議が言うには、どう「質疑」しているかでその市議が賛成か反対かが判るから、他の時間帯や休憩時間にでも賛否それぞれの意見の市議が協議すれば、「討論」の時間には、賛否の意見を一人一回、述べるだけで済むから、効率的だと言う。しかし、これは水面下の議論であって「談合」。

自治体議会の「議員全員協議会」についてはあまり知られていないが、「討論」は本会議でより「全員協議会」で行われる。

「全員協議会」は、「自治法」第100条第12項の「議会は、会議規則の定めるところにより、議案の審査又は議会の運営に関し協議又は調整を行うための場を設けることができる」に基づき、議長が自由裁量で招集し、議長が司会する臨時の会議である。本会議に先立って、提案が予想される懸案事項について、議員間の意見を調整し、議事を円滑に進めるために開かれる。

「全員協議会」で何を議論するかは自治体によって異なる。白井市議会の場合は、本会議の前に、懸案になっている案件を説明し意見を調整する場になっている。

「全員協議会」は文字どおり、議員全員による協議の場で、「討論一人一回」などの会議規定に縛られることなく何度も自由に忌憚《きたん》なく質疑し意見交換できる場である。だから各議員は議論しながら、改めるべきは改め、意見調整ができる。従って、「全員協議会」が実質的な討議の場になり、委員会や本会議を形骸化させる惧《おそ》れはある。

ところが、「全員協議会」は大抵、一般市民には非公開で、詳細な議事録は公開されず、傍聴もできない。

傍聴ができる白井市議会の場合は、通常、提案要旨と結論だけが記載された議事録しか読めず、情報公開請求するか傍聴しなければ、議論の流れや各市議の発言の詳細を知ることができない。

どの「議長会」の事務局長も総務省の元官僚で、「討論一人一回の原則」は、彼らの自己都合でデッチ上げた規定。元鳥取県知事で総務相も歴任した片山善博氏は「地方6団体の事務局は典型的天下り組織」で、地方自治を阻害していると断言している。「地方6団体」とは、地方公共団体の首長と議会議長それぞれの全国的連合組織で、「全国知事会」「全国都道府県議会議長会」「全国市長会」

「全国市議会議長会」「全国町村会」「全国町村議会議長会」の六つから成る。

「討論一人一回」は、「表現の自由」を保障する憲法第21条に抵触し、議員の「憲法尊重擁護の義務」を侵す。しかも「国会法」にも定められている「議員の特典」の「討論権」を制限することになる。

論に成らない愚論の徹底論破できるこの「原則」を撤廃しなければ、地方自治活性化も地方創生もない。

なお「討論一人一回の原則」については、二〇二〇年一二月二五日付『週刊金曜日』「論考」や二〇二一年二月二〇日付『朝日』「私の視点」などに掲載された拙稿を参照。

### 「五日市学術討論会」の討論

明治一五、六年ごろ、「五日市憲法」を創案した神奈川県西多摩郡五日市町では「学芸講談会」のほかに毎月「五の日」に「学術討論会」が開かれていた。

この学術討論会は敢えて政治や法律上の問題などを採り上げ、「政治、法律、経済其他百般の学術上、意義深遠にして容易に解し能はざるもの、及び古来其説の種々にして世人の往々誤解し易き事項を討議論定する」会であった。

討論会では、先ず発議者が持ち時間15分で持論を展開、次に各賛成者や反対者が持ち時間10分で意見を述べる。参加者はただ傍聴するだけは許されず、必ず意見を述べなければならない。最後に最初の発議者が答弁し、議長が問題点を整理し、参加者の起立または挙手をもって、多数決で論定された（新井勝紘『五日市憲法』二〇一八年１０６頁）。

議題は「自由を得る早道は智力にあるか腕力にあるか」「安楽死の可否」「女戸主に政権を与える利害」「出版を全く自由にすべきかどうか」「人民に武器の携帯を許すべきか」「外国の資本を内地に入れる利害」などに及んだ。

「討論会」を主導し後《のち》に「五日市憲法」を起草した千葉卓三郎は、論者の村社会における立場や地位を斟酌《しんしゃく》して「理に党せずして人に党」し、「理に賛せずして人に賛」してはいけない、討論の道筋を誤らず「順論」が通るようにしなければならないと忠告している。

## 第二話　噛《か》み合わない討論　「核禁条約」批准を求める意見書提出

**◆二〇二〇年九月一四日「総務企画常任委員会」傍聴**

九月一四日の「総務企画常任委員会」の議題は、日本政府に「核兵器禁止条約」の批准を求める意見書を白井市議会が提出することの是非だった。

意見書提出反対派の公明党の石井委員長は、先ず3人の参考人に陳情理由を15分の持ち時間で説明させた。次に竹内委員や岩田委員らが「質疑」した。

休憩中に石井委員長は委員市議を集め、その後の議事進行を諮った。再開し「討論」になると、中川委員が賛成意見を、竹内委員と血脇委員と田中委員が反対意見を述べた。反対意見は全て、論を成さなかった。

［田中委員］　日本政府に「核兵器禁止条約」（二〇一七年）の調印・批准を求めるのは「市町村の権限外」だ。↓地方自治体は中央政府の方針に異議申し立てしてはいけないのか。地方議会には「意見書提出権」があり、当該自治体の公益に関する案件について国会または関係行政庁に意見書を提出することができる（「自治法」第99条）。５県議会と４９０の市町村議会つまり全国の四分の一を超える地方議会が、「核禁条約」に関する「意見書」を採択している。

一九八七年に白井市は「平和都市宣言」を出せたではないか。私は、白井市は「護憲宣言」も出すべきだと思っている。地方自治体の首長や首長経験者が二〇一九年一一月一七日、憲法９条改憲に反対する「全国首長９条の会」を結成し、１３１人が賛同した。白井市長は参加しないのか。

［竹内委員］　核廃絶を願ってはいるが、日米安保条約と米国の核の傘の下にある現状で日本は核兵器廃止条約を批准できない。↓核廃絶を願っているなら、被曝国である日本こそ、核禁条約批准の先頭に立つべきではないか。

［血脇委員］　「核保有国と非核国の対立が深まっているから、その橋渡し役するのが被曝国の日本の役割」だ。↓日本はこれまでどんな仲裁をしてきたのか。これは自民党政権からの受け売り。対立を避けるため妥協的に国連は一九六三年に「核拡散防止条約」を採択し、米国、ロシア、英国、フランス、中国の５カ国にだけ核保有を認めた。日本も一九七六年に採択した。しかし、それでは核兵器全廃に繋がらないので、二〇一七年に１２２もの多くの国々が核開発全面禁止を打ち出し、「核禁条約」を批准したが、核保有国５カ国がいずれも反対。非はこれら核保有の５カ国

にある。核廃絶を願っているなら、日本が核保有国に廃絶を迫るのが被曝国として当然ではないか。さすれば、北朝鮮からの脅威も消える。米国の「核の傘」の下では国民を守れない。日本が核保有国と非核国の橋渡し役をすると言うなら、先ずは核保有国に働きかけなければならない。しかし、米国は批准した複数の国々に批准を取り下げるよう求める書簡を送っている。

なお、血脇市議は二一年六月の市議会議長の改選で、副議長に選任された

●彼らの意見はすでに確立した「専門知」に基かず、論理的整合性も無い。反対派は一様に「核廃絶を願っている」と前置きした。核廃絶を願っているなら、論理的帰結として核廃絶の意見書提出になるのが当然。「核廃絶は賛成だけど、核廃絶の意見書提出は賛成じゃない」では、「ご飯論法」。市議という「指導的地位」にある彼らの頭脳は余りに粗雑だ。

反対派の司会の石田委員長は、「討論一人一回の原則」を悪用して討議させまいとした。一つの意見が出たら、その意見に対して賛成か反対かあるいは異論を出させて熟議し、次に別の意見を取り上げて逐一、熟議するのが論点を外さない討議だ。それなのに委員長はそういう舵取りをせず、早々と討論を打ち切り、採決に持ち込んだ。これでは討議にならない。

採決は、委員会では終始、意見を言わなかった長谷川委員も反対派に加わり、提出反対4、賛成2の結果となった。

白井市の「平和都市宣言」（昭和六二年三月一日）には「私たちは生命の尊さを深く認識し核兵器の廃絶と日本のそして世界の恒久平和の実現を念願します」とある。

今回は「陳情」であるから、議員の口利きを必要としない。ところが、「請願」の場合は議員の

口利きが必要である。「地方自治法」第１２４条は、「議会に請願しようとする者は、議員の紹介により請願書を提出しなければならない」としている。「請願」とは「請い願《こ》う」の意。主権者である住民が自分たちの選んだ代表者の集まりである自治体議会に懇請しなくてはならないのか。

**◆二〇二〇年一〇月九日市議会本会議傍聴**

一〇月九日午後二時一五分、「核禁条約」を巡る意見書提出に関わる「陳情10号」の審議が始まった。石井委員長の報告、質疑、討論という順序で審議が進行した。

日本共産党の徳本市議の「何も言わずに反対するなんて陳情した方に失礼です」という挑戦的発言で「討論」に火が着いた。

田中委員同様、血脇市議の「市町村の権限外」とする反対意見は、論を成さない。繰り返しになるが、自治体議会には「意見表明権」があり、自治体の公益に関する案件で、国会または関係行政官庁に「意見書」を提出することができる。彼らは地方自治の「い・ろ・は」を知らない。

自民党の古澤市議は、いつも高邁な物言いをしては、煙《けむ》に巻く。もっともらしいが、半可通で事実誤認の愚論ばかり。「祈りと政治は違う」「理想と現実は違う」→「祈り」や理想を現実化するのが政治ではないか！「正義が国を亡ぼす」→正義が国を滅ぼした例はあるかもしれない。日本も「自存自衛」、「八紘一宇」や「大東亜共栄圏」という偽《にせ》の「正義」を掲げて、国が亡びる危機に瀕した。しかし、今なお米国に追従はしているが、結局、独立国のままではないか。しかも米国に追従しながら、日本国憲法は米国の「押し付け憲法」だからと言って、古澤市議は改憲を唱えている。

核兵器廃絶を願っているが、日本は米国の「核の傘」の下に居るので条約に賛同できないから、このほうが現実的だ、と彼らは国益の代弁者になる。彼らの主張は「現実主義」というより「現実追認主義」である。彼らは、原発の即廃絶も現実的ではないと原発再稼働を進めるが、ドイツをはじめ世界の他の国々は、次々と脱原発宣言し再生可能エネルギーに替えている。日本の「非現実」が世界では「現実」になっているではないか。やがて「非現実」であった核なき社会が実現し「現実」になる。

繰り返しになるが、論にならない意見はその都度、論破して行かないと、それが一つの意見として罷《まか》り通ってしまう。「討論一人一回の原則」に従っても、筋の通らぬ意見が出る度《たび》に「今の意見に反対です」と反対論を逐一、賛成者が連携して論破して行ける。「標準町村議会会議規則」にも「議長は、最初に反対者を発言させ、賛成者と反対者をなるべく交互に指名して発言させなければならない」とあるではないか。

定見のない市議の何人かを賛成側に引き込める可能性はあった。彼らに反対意見を言わせ放しにしておくと、反対だが反対意見を言えないでいた市議は、「待ってました」とばかりにこれらの反対意見に跳び付く。

公明党は、日本は核保有国と非保有国との橋渡し役をすべきだという立場で、自民党政権の補完勢力になっている。石井市議は委員長であるから意見が言えないだろうが、他の二人の公明党市議も沈黙。終始、無言だった多くの市議を含めて13名の市議が反対側に回った。

彼らは、一様に「個人的には核廃絶を願っている」と前置きして「意見書」提出に反対した。本当にそう願っているなら、「意見書」提出に賛成と論理的に帰結するはずである。議場では市議という公人の立場で発言すべきであって、個人的な思いを目くらましに言うべきではない。森下寿『公務員の議会答弁術』（学陽書房二〇一七年）も、「個人的には○○と思います」はNGだ、と忠告している。

徳本市議に続いて、「市民の声」会派の影山市議、岩田市議、柴田市議、小田川市議が賛成意見を述べた。議長を除く20名中、賛成した市議は7名だけで、13名の市議が反対し、否決された。

千葉県議会は一九九四年一〇月、「非核平和千葉県宣言」を決議し、佐倉市議会は一九九五年六月、「非核平和都市宣言」を決議した。白井市議会は一九八七年三月、「平和都市宣言」を出し、「私たちは生命の尊さを深く認識し核兵器の廃絶と日本のそして世界の恒久平和の実現を念願します」と謳《うた》っている。核廃絶の意見書を日本政府に提出するのは、当然の帰結ではないか。

## ◆市議会報告

**●影山市議「委員会傍聴レポート」**　賛成した影山市議は九月一四日の「総務企画常任委員会」の傍聴リポートを、「しろい九条の会」の「会報」１７５号に寄稿し、３名の委員の反対意見を載せ、「意見書」提出は「市町村の権限外」などという意見に反論している。ただし、その反対した３名と反対意見を言わず反対側に回った委員名を伏せている。

なお影山市議は当時、市民運動団体「しろい九条の会」の代表代行を務めていた。

**●岩田市議の「市議会報告」** 賛成派の岩田市議は自分の「市議会報告」75号で、本会議で反対した14名の市議全員の実名を挙げているが、彼らの反対意見の内容には言及せず、それに対する岩田市議の反論も載せていない。

寄せられた記事も市議会報告も、プロパガンダにも告発文にはなっていない。「討議」の邪魔になる「討論一人一回の原則」も問題にしてない。市民の目の前で論を成さない反対意見を論破する討議のプロセスを、可聴化し可視化して市民の耳目に晒《さら》さなくてはならない。良識ある市民には、どれが正論か一目瞭然である。

なお岩田市議は二一年六月の白井市議会議長改選で、議長に選任された。岩田新議長も、従来から「討論一人一回の原則」を是としている。

**◆一一月一三日の「全員協議会」**

「全員協議会」は、「自治法」100条12項「議会は、会議規則の定めるところにより、議案の審査又は議会の運営に関し協議又は調整を行うための場を設けることができる」に基づいて設置している自治体もある。全員協議会は決議を出せない。「委員会や本会議を形骸化させる」（武田正孝編『図解よくわかる地方議会のしくみ』学陽書房二〇一五年53頁）れがあるからだ。白井市では、その全員協議会の劣化も進んでいる。

この日の全員協議会の議題は、「しろい議会だより」第8面下に載せている「下総基地の米軍機使用絶対反対」のスローガンを削除するか継続掲載するかの問題。協議会は「討論一人一回の原則」

ではないので、市議は何度も意見が言え、白熱した議論になった。

削除は政治判断だと言う削除派の市議に対して、継続派の柴田市議が、騒音公害の問題であり環境問題だと切り返すと、反論なし。削除派が下総基地のＤＶＤ視聴を拒否したのは、視聴すれば、これは住民の環境保護運動であることが如実になり、政治判断であるという彼らの削除理由が崩れるからである。

削除派の市議は、削除する理由や根拠を明示できないので、自己都合でそれを言うのを差し控えたわけである。

削除派の市議らは協議の手続きの問題に議論を摺《す》り替えた。議長も彼らも協議なしの決議を急ぎ、採決の仕方に議論を逸らした。議会事務局長は「議員必携」らしきハンドブックを持ち出して採決できる根拠を探し出した。

削除派のほとんどは守旧反動派。彼らは数の力で押し切り、削除に決めた。削除決議してから、市民と協議すると言う。決議は協議や審議をしてから、出すものだ。「しろい議会だより」には各市議の実名を挙げてその賛否の意見を載せることになったが、彼らの削除理由では、良識ある市民を納得させることはできまい。

**◆決議できない「全員協議会」で一一月二五日、強行採決**

一一月二五日の全員協議会は午後二時から始まった。議題の一つは「議会だより」に掲載してきた「下総基地の米軍機使用絶対反対」のスローガンを、一三日の全員協議会で強行採決して削除を決議したことに対する「抗議」と住民との「協議」の「要請」である。決議しないのが全員協議会の鉄則であり、住民との協議を求めるのは至極当然である。

たった四人の市民の「請願」であれ、彼らは多くの市民を代表している。竹内市議は、その四人のうちの一人はすでに死亡しているから、今は活動しているかどうか疑われる怪しい市民団体であると指摘した。それは一年半もその市民団体と直接、協議せず、回答しないでいた議長と市議団の怠慢に因る。

一三日の強行採決による決議を撤廃させないまま、市議団有志が、その市民団体と協議の場を設けることになった。掲載継続を求める市民と協議するのだから、有志と言っても掲載削除派の市議は必ず出席するのが当然であるが、削除派議員も実名での削除理由を「議会だより」に載せるので、「出席できる議員だけが出席する」ということになった。削除派の市議は協議の場に出るべきで、出ないなら言い放しで逃げたことになり、極めて不誠実。市議として心得違いも甚だしい。自民党の古澤市議はこの議論には参加せず、「早く○×を付けよう」と提議した。

もう一つの議題は「議場のコロナ対策」。コロナ感染が急速に拡大し、自治体によっては、当分の間、議会を休会にしたところもあるから、もしかしたら、守旧反動派の市議らから、休会や傍聴禁止の措置を採れ、とでも言い出すのではないか、と私は危惧した。しかし、そこまでは彼らの悪知恵も回らず、議員席の配置やら発言の仕方やらに終始した。

私は、この協議会の休憩時間に改革派の市議たちと議場の一隅で懇談した。こういう休憩時間中の打合せを「傍聴規定」は禁止していない。にもかかわらず、竹内市議らは私の傍聴人としての行動に関し、周囲の議員に憤懣《ふんまん》を漏らしていたという。彼女らは市民に傍聴されるのを嫌う。

当選回数連続7回の竹内市議や当選回数5回の古澤市議らの女性市議は高学歴・有名学歴を鼻にかけ、傍聴者や市民運動をする市民たちを見下しているらしい。彼女らよりはるかに「知識水準」も見識も高い市民が白井市には多い。なお、竹内市議には市議選で若いときの写真を選挙ポスターに載せるという「常習」がある。

一一月一七日、影山市議、中川市議、徳本市議の3名の改革派市議は、多数決で強行採決した議長に抗議文書を提出した。

# 第三話「議会だより」は市議会が市民に開いた窓

**◎「しろい議会だより編集会議」に対する申入れ**（二〇二〇年一一月二〇日）

地方自治体の「議会だより」は定期的に届く。どこでもそうだろうが、面白くない。でも、私は一通《ひと》り目を通す。だが、住民の興味や関心を惹く記事は少ない。住民が読みたがらないように編集しているように思える。

「議会だより」で多くのスペースを占めるのが、一般質問とそれに対する執行部の答弁の要約だが、「しろい議会だより」には「市政のここが知りたい」の紙面を設けてある。

各委員会の市議が担当部課に質問し、部課長が応えるという形の紙面だが、市議の質問がありきたり、回答もありきたりで、市民が知りたいことに言及しない。こんな記事を読むくらいなら、直接、担当部課に訊いたほうが手っ取り早い。

私は一一月二〇日、「しろい議会だより編集会議」に「要望書」を提出した。内容は、一一月一五日発行の「しろい議会だより」の「市政のここが知りたい」の紙面での不明な2件についての回答と、今後、各市議の発議案に対する賛否の意見を実名で紙面に載せることを要望するものだった。「要望書」は以下のとおり：

**白井市議会議長＋「しろい議会だより編集会議」様**

「しろい議会だより」第151号の「編集後記」の末尾に「皆様から寄せられたご意見にも、紙面でお応えします」とありましたので、以下の3件に付きお応えください。

「編集後記」は編集委員の個人的な意見ではなく、「編集会議」の統一見解と見なされます。誠実な応えを期待します。

(1) 第4面に「陳情第11号」の採択についての賛否の意見が掲載されていますが、意見を述べた市議名が明記されていません。

一一月一三日の「全員協議会」で「下総基地の米軍機使用絶対反対」のスローガンを継続して載せるか削除するかが議題になり、実質的な協議がなされないまま決議されてしまいました。

全員協議会は「議案の審査又は議会の運営に関し協議または調整を行うための場」(「地方自治法」

100条12項）であり、決議は出せません。決議を出しては、委員会や本会議を形骸化し、委員会と本会議は「討論一人一回の原則」で討議されますから、その決議が本会議の議決になりかねません。

幸い今回は、市議の賛否の意見とその実名も掲載することになりました。市民は各市議がどんな意見を持っているかを知る権利があります。各市議は白井市の「指導的地位」にあるわけですから、実名を挙げても「個人攻撃」にはなりません。今後、議員の賛否の意見を「しろい議会だより」に載せる際には、必ず名前を明記してください。

（2）第6面の「市政のここが知りたい」で、古澤市議は学校給食に関して「アレルギー対策も含めて安全で安心と言えます」としています。しかし、それでも食材によっては給食が食べられない児童生徒もいます。乳製品が食べられない、卵が食べられないという児童生徒は毎回、給食が食べられず、弁当持参になります。それにもかかわらず、以前は給食費が払わされました。現在、実態はどうなっているのか、古澤市議に紙面での回答を求めます。

（3）第5面で中川市議は20人学級の提言に関して、「市として単独で学級編成はできない仕組みになっている」と答えていますが、教員の給料は国か県が半分、市町村自治体が半分支払うことになっていると聞いています。定数以上の教員を雇う場合には市費で賄えば、20人学級は実現できると思います。学級規模を半分にし、正教員を2倍にすれば、20人学級が実現できます。本当に白井市単独で20人学級を編成できないのか、紙面でお知らせください。

とりあえず第一回目の回答を一二月四日までに文面で届けてください。（2）については古澤市議、（3）については中川市議がそれぞれ、直接に応えるべきですので、次号の「しろい議会だより」の紙面でもお応えください。

誠実な回答がなければ、抗議声明文を市民に公けにします。

（二〇二〇年一一年二〇日）

「議会だより」は市民が市議会の活動を知るための窓。「議会だより」には「正確さ」、「公平さ」、「わかりやすさ」、「読みやすさ」が求められる（野村憲一『地方議会の本』学陽書房二〇一六年）。私の要望は「議会だより」に「正確さ」と「わかりやすさ」を求めるものだった。

### ◎「議会だより編集会議」からの回答（一二月四日）は官僚作文の典型

＊「編集会議」からの回答は、［資料1］を参照。

私は一読して、官僚作文の典型だと思った。「ずらす」「ぼかす」「かわす」の三原則を基に構成した文章（都築勉『政治家の日本語』二〇〇四年）である。

「編集後記」は「皆様からいただいたご意見は、より良い紙面作りに反映させていきます」という意図であったと、暈《ぼか》して躱《かわ》し、賛否の意見の市議名は「紙面及び編集の都合上」記載できないと「ずらし」て「かわし」ていた。市議名を載せるのに、どれほどのスペースを必要とするのか。発言した市議の名前を、いちいち白井市のホームページを開き議事録で確認するほど、市民は暇ではない。「議会だより」に市議名を載せれば、済むことだ。

回答は、「議会だより」の「住民に向けた活動報告」には、「議員間の公平性」が求められるとしていた。しかし、責任ある発言が求められる市議の名前を伏せるのは逃げだ。

「市政のここが知りたい」の紙面は、「正確で」「わかりやすく」「読みやすく」あってほしい。発言した市議名の記載については、「今後検討させていただく」ということなので、前向きな最終回答を待つことにした。

「編集後記」は、編集に関わった編集委員の一人が書くにしても、編集委員全員の合意を得て書くもの。「紙面で答える」と「編集後記」に書いたのは「表記の誤り」であったと認めながら、「皆様からいただいたご意見は、より良い紙面作りに反映させていきます」の意だと、巧みに言い繕っている。それにしても市議が的確な質問を発すれば、「正確な」回答を引き出せ、より良い紙面作りに役立つではないか。

「正確な」回答は、それぞれの執行機関に直接、問い合わせれば、分かることだ。私が問題にしたのは、市議の「質問」のいい加減さであり、それは議場での「質疑」と「討論」にも言えること。古澤市議は、自分は「質問を発した側であって答える側ではない」と居直っているが、的確な質問を発すれば、市側から市民の知りたい「正確な」回答を引き出して「議会だより」に「正確な」答えを載せられるではないか。「正確な」回答を引き出せない市議側の怠慢と無責任を問題にしたのだ。「議会だより編集会議」には改革派の市議も編集委員として加わっているのに、私の意図を理解していなかった。
（2）について古澤市議は、自分は「答えたのではなく質問した側」だと、私の質問を「躱《かわ》し」ていた。
市民が知りたいのはアレルギー対策の実態です。古澤市議が担当者から引き出した「答」は児童を持つ市民なら、すでに知っている建前上の回答であり、学校給食のアレルギー対策の実態調査を踏まえた「答」を引き出していない。「答」は「正確さ」を欠いていた。正確な「答」を引き出すように質問するのが市議の仕事だ。「市政のここが知りたい」の紙面では、市民が本当に知りたいことを、「正確」で「わかりやすい」ように引き出すように質問すべきだ。

（3）の質問に対して中川市議は「市は独自の学級編成ができない」としている。私は二〇人学級の実現に向けての運動の方向を確認したかったのだが、独自に教員枠を上乗せしている自治体もあるのだから、白井市だって二〇人学級が可能ではないか。二〇二〇年度の白井市の「財政健全度」は全国400自治体の市ランキングで182位。上位4分の1に入る。白井市は予算の無駄遣いを無くせば、二〇人学級が実現できる。

二〇二一年二月一五日発行の「しろい議会だより」の「編集後記」のあとに以下のような「お詫びと訂正」記事が載ったが、国会答弁並みの「逃げ」の遁辞を弄している。

**議会だより、前号（151号）の編集後記に記載の「皆様から寄せられたご意見にも、紙面でお応えしていきます」との記載については、個々の議員に対する質問の回答を紙面に記載する意図ではなく、「皆様からいただいたご意見は、より良い紙面作りに反映させていきます」という意図です。表記に誤りがあったことをお詫び申し上げます。**

私が問題にしたのは、市の執行機関から市民が本当に知りたい回答を引き出せない市議の質問の仕方である。議場での質疑も、市の執行機関幹部と市議が互いにあらかじめ作成した想定問答を読み上げるだけの形式的なやり取りに終始している。執行機関に的確な質問をし、正確な回答を引き出し、「より良い紙面作り」に役立てよ。

議員の熱意ある質問は行政を動かす（二一年三月三日付『朝日』蓮舫衆院議員）。突っ込み質問はより良い回答を引き出す。そうでなければ、市民は行政に直接、訊いたほうが手っ取り早い。

## ✍「食育」を考える―センター給食と自校式給食の問題

（1）住民運動を進めるのは大抵、共産党系の市民である。元共産党白井市議らが「自校式」の学校給食運動を進めているが、見当違いの住民運動である。いっこうに運動が進まない。

新型コロナウイルス禍の中で、会食の形が問題になっている。会食の意義は、たまに共食しながら会話を楽しむことにある。ところが、毎日、会食している団体がある。それが学校給食。

会食の意義は、共食しながら会話を楽しむことにあるのに、新型コロナ渦中では学校給食中になおさら会話が楽しめない。

（2）小食の子も居るし、食物アレルギーで食べられない食材もあるのに食べ残しはいけないと言われる。

白井市の「学校給食センター」によれば、センター方式の小中学校では年間16・65％の食べ残し率つまり4951万円の食べ残し、自校式の桜台小中学校では年間9・8％の食べ残し率つまり162万円の食べ残しがある。食物アレルギーで食べられなかったのか、好き嫌いがあって食べなかったのか、小食で食べきれなかったのか、その理由は定かでないが、年間約5千万余の食べ残しがある。

（3）戦後日本の学校はしばらく「欠食児童」の課題を抱えていた。今でも、学校給食が唯一の良質な食事である家庭が皆無ではないし、給食費未納問題もある。

昭和二六（一九五一）年八月の陳情文には、

「学校給食は同一食事を全校児童に与えることによって従来の弁当食に見られた不平等感を払拭し、真に民主教育の根本理念たる平等感を涵養するものにして新教育実施上欠くべからざる施設である」とある。

昭和二六年五月末の世論調査では、「学校給食を喜んで受けている子供」は65％、「今の給食を続けていくことに無条件賛成が78％、「条件付き賛成」が10％だった。

しかし、沖縄では給食の不味《まず》さが問題になり、「政府は子どもの食事まで強制するのか。まるで共産主義と同じではないか」という声も挙がったという。

「学校給食法」は昭和二九（一九五四）年六月に制定され、平成二〇年六月に最終改正され、今に至っている。しかし、学校給食は食生活が貧しく「食育」についての意識も低かった時代の残滓。

「学校給食が児童及び生徒の心身の健全な発達に資し、かつ、国民の食生活の改善に寄与するものであること」（第1条）に鑑《かんが》みて定められ、「学校給食の実施に努めなければならない」（第4条）とあるが、必ずしも強制力はないから、学校給食は廃止にもできる。

昭和五一（一九七六）年五月から「学校給食法の義務法化を求める署名運動」が展開され65万の署名が集まった。それは同時に、自校方式を原則とし、義務教育むしょうかの原則に基づいて給食費を全額公費負担にする提案であった。

一方、食品添加物やポリプロ食器の危険性が知られるようになると、「食べる、ということは元々、人間の個性であって、画一的に強制するのはおかしい」という考え方も出てきた。昭和五一年には弁当持参を申し出る母親も出てきた。その是非を巡って教員同士の対立も生まれ、センター方式が普及すると、「先割れスプーン」が口を食器に近づけて食べる「犬食い」の原因として批判を浴びた（藤原辰史『給食の歴史』二〇一八年）。

（4）給食費を、食物アレルギーで給食が食べられない児童生徒にも払わせる学校が、白井市にもあった。給食費を払えない家庭もある。給食を食べない児童には「いじめ」もある。

給食費を無償にする自治体もあり、二〇一七年度には、全国の自治体の約4・4％つまり76の自治体が無償化し、その後も、無償化に踏み切る自治体がある。「食育」を根本的に考え直す時だ。

（5）二〇二二年現在、公立小中高に在籍する児童生徒のうち食物アレルギーの児童生徒は52万6千人余りに上り、在籍者の6・3％を占めている。白井市の小中学校の場合、二〇二三年一月二五日現在、食物アレルギーの小学生が215人、食物アレルギーの中学生が143人、計358人で、全体の1割弱の児童生徒が食物アレルギーである。

「給食センター方式」か「自校方式」かの問題ではない。「自校方式」のほうが、配慮が行き届くだろうが、様々の食物アレルギーの児童生徒に対応する給食を提供するのは難しい。

学校給食の目標として「学校給食法」は、「日常生活における食事について、正しい理解と望ましい習慣を養うこと」「学校生活を豊かにし、明るい社交性を養うこと」などを挙げている（第2条）。しかし、昼食時間は配膳と後片付けに時間を取られ、会話も楽しめる「会食」であるはずなのに、そそくさと食べなければならない。

問題は、好き嫌いや偏食でもない。早食いは望ましい食習慣ではなく、黙々と食べるのでは明るい社交性を養うことはできない。

（6）白井市では、莫大な予算で給食センターを建設し、平成三一年四月から稼働を開始し、食物アレルギー対応食を提供するようになったが、限定的。唯一「自校方式」の桜台小中学校でも、アレルギー除去調理室がなく、完全な食物アレルギー対応食の提供は無理。

白井市の二〇二一（令和三）年改定の「学校給食における食物アレルギー対応の手引き」に準拠すれば、「レベル2」の「弁当対応」には、その日の献立に応じて自前の弁当を持参する「一部弁当対応」と、毎回弁当を持参する「完全弁当対応」があり、「レベル3」は原因食材だけを給食から除いて提供する「除去食対応」で、「レベル4」は除去した食物に対しては何らかの代替食物を提供する「代替食対応」がある。しかし、「除去食対応」も「代替食対応」も、完全実施は困難で、自《おの》ずと「レベル2」の「弁当対応」にならざるをえない。

（7）学校給食は、一律一斉主義教育の典型的な悪例。私権である食習慣まで型に嵌《は》めては、人権侵害ではないか。

学校給食は教員にとって雑務。何で教員は児童生徒の昼食の世話までしなくてはならず、親は教員に子どもの昼食の世話までさせるのか。教員は不味い給食を「食べ残すな」と指導させられ、働きすぎだ。

給食が食べられない児童が不登校になるケースもある。一九八八年一二月には、そばアレルギーの児童が学校給食で五目そばを食べさせられ、帰宅途中にぜんそく発作を起こし窒息死した。

（８）「食育」をラディカルに、つまり根本的に考え直す時である。むしろ、「親子方式」で自前の弁当を持参したほうがよい。親が作ることになるだろうが、高学年になれば子どもが作ることだってできる。毎朝、家庭で調理実習ができる。食物アレルギーに配慮した食材も使える。その日の家庭の事情で自前の弁当を作れなければ、コンビニなどで食べられる弁当を買えばいい。

参考にすべきは、町田市立の中学校での「弁当併用外注方式」である。この方式は、「給食を希望する生徒にのみ、外部委託業者が調理した給食を提供し、それ以外の生徒は家庭から弁当を持参する方式」である。町田市内の全20校中19校が、この方式を採っている。

（９）桜台小中学校に自校方式のための調理室が一九九四（平成六）年から稼働したが、桜台小中学校以外の市内の小中学校にも食物アレルギーの児童生徒は居る。桜台小中学校だけを自校方式にしては不公平。給食センターがある以上、センター方式を止めるわけにもいかない。

だから、学校給食を無償化し、給食を食べられない子や食べたくない子は自前の弁当を持参し、弁当持参の子には「弁当手当」を出す方式を採るしかない。

二〇二〇年度の白井市の「財政健全度」は全国４００自治体の市ランキングで１８２位。上位４分の１に入る。白井市は予算の無駄遣いを無くせば、この方式を採用できる。

桜台学校区だけの自校方式存続運動は地域エゴ丸出しの運動である。食物アレルギーそっちのけで運動を進める市議や市民らが多い。

## 第四話「申し入れ事項」を変更した「下総基地の米空母艦載機基地化反対協議会」役員四人衆

### 二〇二〇年一二月一六日、市議有志と「反対協」が協議

●鎌ケ谷市の海上自衛隊下総基地は白井市との市境にある。下総基地の米軍機使用絶対反対」のスローガンを「しろい議会だより」に掲載するのを継続するか否かが問題になっていた。「反対協」とスローガン削除派市議の出席と市民の傍聴の可否を巡って、市議団内に駆け引きがあった。つまり削除派市議らは出席しないのではないか、市民の傍聴の可否は出席市議が決めて傍聴が「許可」されないのではないか、との流言が流れた。そこで、白井市議会議長はこの2点についての確認用紙を全市議に配り、一二月一一日正午まで提出を求めた。集計の結果、「四役」と削除派市議も含む12名の市議が出席することになった。「四役」とは議長、副議長、血脇議会運営委員長、柴田議会運営副委員長である。

出席する市議有志全員が市民の傍聴を認めた。市民には傍聴する権利があり、議員には傍聴を禁止する権限などない。集計結果は一三日、正式に全市議に伝えられた。

一六日の午前一〇時から大委員会室で12名の市議有志と4名の「反対協」役員との「協議」が

行なわれた。スローガン削除派市議に対しスローガン継続を求める市議と「反対協」役員が攻防を展開するはずだが、どんな結論になるか決裂するか。スローガン継続派は、文言を削除するという「決議」の撤回を求めるだろうが、出席したスローガン継続派市議と4名の役員衆だけで撤回させられるかどうかが難題だった。傍聴席には、私を含む5名が居た。

●「反対協」四人衆は、(1)「議会だより」に掲載の「下総基地の米軍機使用絶対反対」のスローガンは、掲載を継続すること。(2)早急に市長、議会そして「反対協」役員有志と協議の機会を持つことの二つも申入れをしていた。しかし、二〇一九年六月一二日に提出した文書には回答の期限を明記していなかった。だから、回答を一年半も待たされたのだ。二〇二〇年一一月一三日に再提出したが、それにも回答期限を明記していなかった。

「反対協」役員四人衆は、牙も角も抜け落ち、はじめから譲歩し、妥協を図っていた。市長は出席せず、全市議二一名の出席を求めていたのに市議有志12名しか出席しないのを認めてしまった。しかも、「反対協」役員四人衆は協議の冒頭で二つの「申し入れ事項」を取り下げた。これでは、スローガン継続派の市議もスローガン継続掲載を主張できない。市議有志も傍聴人も、肩すかしを食わされたのである。さらに、今は役員四人だけの運動になっていると、運動の後退を明言してしまった。

結局、議長と市議団有志が持ち帰って記録に残す方向で再度協議する、そして再度、市長・市議団・役員が三者協議をする流れにはなった。しかし、四人衆は言質を取らなかった。掲載中止を勝ち取った市議らがそんな約束したわけではないと言い出しかねない。またしても詰めが甘かった。

住民運動当時の新聞の見出しを見ても、この住民運動は当初、「艦載機の訓練を許すな」という米軍機に下総基地の使用を許さぬという反基地反米闘争だった。さらにこの闘争を拡大するために騒音や生命の危険から生活を守るための住民運動に盛り上げし、一万一千人の住民大集会も開けた［この一九八三年一一月三日の集会には私も参加した］。

藤森氏ら四人衆は、彼らの運動は住民の安全安心な生活を守る住民運動だったことを強調した。なるほど今は、米軍機が下総基地を使用する可能性は皆無、と言っていいから、「下総基地の米軍機使用絶対反対」という一行のスローガン掲載の意味は薄れ、反基地反米闘争ではなく住民の安全安心運動に重点を置くのはいいだろう。だから、掲載中止派の平田市議から、「申し入れ事項（1）の『スローガンの掲載継続』を撤回するのですね？」と追及されても仕方あるまい。

そんな追及を受けても、「四人衆」は「撤回する」とは言明せず、過去の運動の話しばかりに終始した。過去の運動については「資料を参考に」で済む。私は年寄りの昔話にうんざりした。

記録に残すと言っても、郷土資料館に「運動のあゆみ」などという小冊子を置いてあっても、誰が読むか。「四人衆」は公園か市役所の敷地内にでも、この住民運動の経緯を記した記念碑を建てたいのだ。

「白井市文化会館」西側の自転車置き場の前に、「人類が汚した地球　直そうよ」という記念塔が立って居る。白井市制一〇周年記念の二〇〇一年に「白井ライオンズクラブ」が寄贈した環境保護を呼びかけるプロパガンダの看板である。同じ環境保護の住民運動の記念碑だから、資金が集まれば、設置は可能だろう。しかし、「ライオンズクラブ」は環境保護運動を続けているが、「反対協」はすでに運動を止めてしまっていて、運動を再開するわけでもない。騒音源である下総基地に対する反基地反米闘争を止め、彼らの過去の実績を誇示するだけの記念碑設置に資金が集まるか。

「四人衆」が自分たちのかつての「栄光」を市民に伝えるものを残したいのなら、彼らが「運動のあゆみ」を自費出版でもするしかあるまい。

掲載継続派の影山市議は、安保条約と日米地位協定の下にある現在、今も反基地反米闘争であることに変わりはないと主張した。

「反対協役員との協議の前に『決議』できない全体協議会が掲載中止の『決議』を出したのは不当」という徳本市議の抗議に掲載継続派の市議たちは「そうだ！」「そのとおり！」と声を上げなかったし、同調する発言もしなかった。誰よりも真っ先に「決議」に抗議すべきは、「四人衆」だったのに、冒頭から守勢に回った彼らは無言。これでは共闘しようがない。

反対協役員「四人衆」は反対協に結集した住民の期待を裏切った。私は「四人衆」に愛想が尽き、「四人組」と呼ぶことにし、絶縁した。

●その下総基地の南面の道路沿いのフェンスに意味不明の看板が二〇年の四月頃に立った―「地域の皆さん　一緒に頑張りましょう！　大切なもの…前向きな気持ち！　海上自衛隊　下総基地」。

電話して看板の意味を質《ただ》したところ、一緒にコロナ禍を乗り越えようという連帯の挨拶らしい。それが二一年になると、その文言は「地域の皆さん、一緒に頑張りましょう！　２０２１年も…前向きに頑張りましょう！」に変わり、二二年になると、「すべての人が、明るく過ごせるよう、心を一つに!!皆さんにエールを!!」に変った。

しかし、こんな呼びかけをしたところで、騒音問題で地域住民と和解できるわけがない。

二〇二二年九月二〇日、安全保障上、重要な土地の利用を規制する法律「土地規制法」が全面施行された。今のところ、下総基地周辺が「注視区域」に指定されていないが、指定されれば、基地周辺住民の安全が脅かされる。

# 第五話「コロナ看板騒動」市議団に「説明責任」を問わない看板設置反対運動

## ❶「コロナ看板」設置問題浮上

●政府の進めるコロナ関連の法改正は罰則を先行させる強権的な発想で、さらなる私権制限を義務付け、休業や時短に伴う減収入に対する補償は政府や自治体の努力義務に止まる見通しだった。

そんな中で、白井市議会は二〇二〇年一二月一八日、呆れた補正予算案を可決した。政府の新型コロナ交付金から3千万円を割いて、コロナ感染防止に向けた「新しい生活様式」を促す立て看板を、市内39の公園に設置するという決議である。しかも、コロナが終息したら、看板の文言を「公園使用上の注意」に書き改めて再設置するという。「公園使用上の注意」は、どこの公園にも掲示がある。予定では三月中に看板設置が完了するらしい。看板の書き替えは、また予算を食う。感染注意を呼びかけるラミネート用紙版の注意書きは、すでにあちこちに掲示してある。市民は十分、承知し、マスクをし「3密」を避けている。

交付金を有効活用するなら、コロナ禍で特に困っている市民に支援金を配るのが先決だ。つまり、失職などで生活困窮に陥った世帯、時短営業あるいは休業になった事業体、激務の医療従事者などに補償金を配ることだ。そうすれば、彼らも進んで自粛し不自由や激務に耐える。このほうがコロナ禍にずっと効果が大きいはず。これ以上、休業要請や「私権制限」などを強化したら、「むら八分」が発生し「自粛警察」が出没する。政府は「コロナ特別措置法」に罰則規定導入を検討していた。

「コロナ看板」設置案は、執行機関である企画政策課が市議会に提出した事業案である。市と看板業者との「癒着」も疑われた。

●二一年一月二一日から看板業者の入札が始まる。私は一二月二六日、以下の文面の手紙を、「市長への手紙」投函箱に入れた。

政府からの新型コロナ交付金から3千万円を割いてコロナ感染防止に向けた「新しい生活様式」を促す看板を、市内39の公園に設置するという補正予算案が一二月一八日の市議会で決議されました。

感染に注意を呼びかけるなら、今、公園に貼ってあるラミネート用紙の注意書きで十分です。交付金を活用するなら、コロナ禍で困難に陥っている市民に支援金を配るのが先決です。つまり、失職した市民、営業制限された事業体、激務の医療従事者などに補償金を配るべきです。そうすれば、進んで自粛し応じ不自由に耐えるでしょう。このほうが、効果はずっと大きい。

この事業を市民が知れば、コロナ看板反対の運動が高まることでしょう。市長にも都市計画課職員にも、この愚かな予算使途をご再考いただき、看板会社による入札と工事の取り止めをお願いします。

●「コロナ看板」設置の審議は市議会の最終日に行なわれ、採決を急いだ。小田川市議が「単価70万円では高すぎる」と質疑すると、関係部署の長らは設置・撤去の作業費や処分費用も含むので妥当である」と答弁し、小田川市議はそれ以上追及しなかった。結局、彼女は単価が適正であれば看板設置に賛成するという立場で、看板設置それ自体には反対ではなく、この事業案に賛成した。

徳本市議の修正案説明中に、自民党の古澤市議が簡潔に述べさせるよう議長に要求し、議長もこれを諒とし、「手短に」と注意した。

議長を除く市議20名中、反対したのは共産党会派の中川市議と徳本市議、「市民の声」会派の影山市議の3名で、残りの市議17名は賛成した。私は賛成した市議の見識を疑った。

本会議での審議不十分な決議に抗議して共産党会派の中川市議と徳本市議、「市民の声」会派の影山市議が議長に抗議文を送った。

●私の「市長への手紙」に対する回答［資料2］が二〇二一年一月七日、届いた。やはり役所作文で綴られていた。「コロナ看板」設置を取り止めるとは答えず、設置の意義を書き連ね、「ご理解」いただきたいとの内容だった。私は「コロナ看板」の無意味と無駄を「ご理解」いただこうと、一二日、再び市長に手紙を出した。

**「市長への手紙」再送付**

昨年末に私が差し上げた「市長への手紙」を七日に受け取りましたが、私ども市民の真意をご理解していただいておりません。

私どもは、コロナ禍中での「新しい生活様式」については十分に承知し定着しております。しかし、時短や休業をしたりしてまで自粛できないのは、「補償」が不十分だからです。

公園は外出して体を動かし「3密」を避けられる貴重な場所でしょうが、外出自粛を要請された、この寒い時季に公園に出かける人は少ないですし、大抵の公園にはすでに感染予防の注意書きが掲示されています。従って、さらに「コロナ看板」を設置するのは無意味で無駄です。

「コロナ看板」設置取り止めに向けて、予算使途のご再考をお願いします。

他の市民たちの「市長への手紙」にも同文の回答が返って来ていた。私の再投函した「市長への手紙」に対する回答は一月二一日、届いたが、前回と同趣旨の内容だった。

●この「コロナ看板」設置案は執行機関が出した事業案である。二〇二一年一月二〇日までに、特定の看板業者を選定し、二一日から始まる入札は選定された業者だけが対象で、二五日に開札し、二月一日に業者を確定。二月八日契約し、三月末までに工事完了の予定になっていた。入札方法にも「談合」が臭う。

二〇二一年四月の市議選で2259票を獲得してトップ当選を果たした柴田市議は、「全国市町村議長会」が作成したルールブック『議員必携』の43頁を引用し、「議決に反対の議員も従わなければならないというのを議員ならわかってください」と、同じ控室の議員6名にメールを送った。しかし、「従わなければならない」という文言のあとには、「しかし対外的に議決がされても決定とはいえず、市長が議決内容を執行してはじめて対外的に効力を生ずる」とあるから、「コロナ看板」が設置されるまでは対外的効力はないということになる。この「議員必携」は議長に都合がいいように作成されたマニュアルである。

●市議団の賛成派市議と反対派市議の間がぎくしゃくし出した。

長谷川議長は共産党会派の中川市議と徳本市議、「市民の声」会派の影山市議と柴田市議を呼び出した。「決議には従うべし」との趣旨で、市議団内に波風を立てないでほしいと諭したという。議長は柴田市議と同じく「議員必携」を誤読していた。

●共産党市議の配ったビラでこれを知った市民たちは「公園看板事業の中止と緊急の新型コロナ支援を求める白井市民有志の会」を立ち上げ、一月一五日、反対署名活動を開始した。共同代表には市民運動家として知られている藤森氏ら3人が選ばれ、藤森代表が代表格になり運動を主導し始めた。

コロナ看板設置に反対の徳本市議、中川市議、影山市議も署名用紙の配布や回収を手伝ったが、表立った活動は控えた。特に署名数の集約や諸連絡の事務方を引き受けた徳本市議は看板設置賛成派の市議らから「首謀者」との誹《そし》りを受けた。

賛成派市議には支持者からも抗議の声が届き、反対署名数が増えれば増えるほど彼らの心は揺れに揺れ始めた。賛成した議員の名前を公表すれば、なお効果があろう。

二一日、3人の共同代表が市長に面会し、約2500筆の署名簿を渡したが、市長は「市議会が決めたことだから」と、コロナ看板事業を進めると断言した。

「朝日新聞」、「毎日新聞」、「東京新聞」、「千葉日報」の4社の記者も同席し、翌日二二日、一斉報道した。

市議会の「臨時会」が一月二二日、開かれ、コロナ・ワクチンの導入と接種が、議題になった。「市民有志の会」はコロナ看板に代わる「緊急の新型コロナ支援」を求めているのだから、コロナ看板設置に反対した市議らから、「3千万のコロナ看板事業費をPCR検査やワクチン接種の経費などに回せ」との修正動議が出ることを、私は期待していた。しかし、修正を迫った市議は一人もいなかった。

## ❷「協調路線」でスタート　第一回「主要メンバー会合」（二〇二一年一月二七日）

「白井市民有志の会」の主要メンバー16人が二七日、初会合を開いた。

●笠井市長が「看板は実施するが、第3次交付金を予算化する時、皆さんの思いを反映させる」

と言ったとの情報が流れていた。仮にそう言ったとしても、「コロナ看板」を設置することに変わりはない。

市長は「反映させる」と確約したわけではない。一体、どう予算化するというのか?その気があるなら、3千万円をはじめからPCR検査やワクチン接種の経費に回せたはず。「市民有志の会」は看板設置に代わる「緊急の新型コロナ支援」も求めているが、署名簿提出だけでは何の進展もない。

市議会は二〇一九年一二月一八日、執行機関が出した「癒着」が臭う事業案を、杜撰な審議で、「コロナ看板」設置実施を決めてしまった。そして、怪しげな入札が二〇一月二一日に始まり二五日に開札、二月一日に業者が確定、二月八日に契約を結び、工事が始まる。後手後手に回らず、直ぐにも次の行動に移らなければならない。コロナ禍中で「3密」回避だから、市役所前で気勢を上げるとか座り込みはできないのが残念だ。

次の市議会は二月一五日に始まる。二月八日に議会運営委員会が開かれ、議案が出揃い、議事日程が決まる。第3次交付金の補正予算案はその市議会の最終日の三月一四日に提案されるらしい。既成事実を作るために設置工事を急がせるだろうから、その頃は、工事の真っ最中だろう。
●笠井市長は「市議会で決まったことだから」と言って、看板設置を強行する。市役所の前で気勢を上げても、市長は翻意しないだろう。だから、先ずは市議会と市議らが交渉の相手。市民たちは、何でこんな愚案を可決したのかと市議団に「説明責任」を求めているのだ。

子分を集め助っ人を呼んで置いて、喧嘩をしないのではヤクザの仁義にも劣る。コロナ看板が設置されてしまったら、署名してくれた市民たちの期待を裏切ることになる。それではヤクザの喧嘩にも劣る。

つまり、ある親分が助っ人（署名者）を集めておいて、大親分（市議会）の言いなりになる親分（市長）に、「（大親分の）お指図《さしず》なんだから、仕方ねぇべぇ」と逃げられ、「うんじゃぁ、今度は大親分との喧嘩だべぇ」と子分や助っ人たちが意気込んでいたら、その親分（共同代表）が「数で敵わねぇ」と、その大親分（市議会）との喧嘩を止めるようなもの。ヤクザだって「仁義」を通そうと、負ける喧嘩も敢えてやる。地元の堅気《かたぎ》衆からの支持があれば、なおさらだ。

また、数で負けるかもしれないが、とにかく市議会と市議らに働きかけをすべきだ。看板を設置されてしまったのでは、署名してくれた市民たちに申し訳が立つまい。

笠井市長はその後、取材に応じず、テレビ局を市庁舎内に入れていない。「市民有志の会」の面会にも応じていない。「雲隠れ」しているとしか思えない。

●私は市議会に対する働きかけを以下のように考えていた。

議員定数の4分の1、つまり白井市議会なら5人の市議が結集すれば、「臨時会」を招集できる。これは今の守旧派と改革派の勢力関係ではかなり難しいが、支持者に再考を迫られて賛成から反対に回る市議を見込めば、不可能ではない（1）。

議員定数の12分の1である2人が結集すれば、「コロナ看板」設置撤回の議案を提出できる。これは可能（2）。次の市議会の提出議案と議事日程は二月八日に確定する。

市民だけでやるなら、議員の仲介を必要としない「陳情」をすることもできる（3）。「公開質問状」を提出こともできる（4）。

これらは同時進行で進められる。全世帯に配るビラに、「コロナ看板」に賛成した16人の議員の名前を列挙すれば、なお効果がある。これらを業者と契約する前に実行しなければ、「後の祭り」。

しかし、共同代表らはいずれの提案も取り上げず、次の市議会で第3次交付金使途を巡る補正予算審議の際に、「市民有志の会」の要望を組み入れた修正動議を3人の反対派市議に出してもらうという。これでは遅すぎる。

## ❸無視された運動方針私案

3人の共同代表らは運動方針案を準備していた。私を除く主要メンバーに対しては「根回し」が行なわれ、協調路線を採ることになっていた。私の発言は「けんか腰だ」と遮られた。私の提出した運動方針案や中川市議の市議会対策案を無視し、徳本市議は共同代表らの方針案を、ホワイト・ボードに板書し始めた。

私は発言封じに遭っていると実感した。現住地の地区に署名用紙を配り回収したに過ぎない私は、立場を「わきまえない」異分子。「空気」を読めず異論を差し挟む私は、「排除」すべき存在なのである。

第一回「会合」の会議録は発言者名を明記していなかった。共同代表らにとって不都合な発言は削られていた。

会議録というものは、発言者名を明記しなくてはならない。そうでないと、「私はこうは言わなかった」「私はこういうつもりで言った」「私はこうも言った」などの異議申し立てが言い難《がた》くなるからだ。議論の流れも曖昧になる。発言者に発言責任を問い難《にく》くもなるし、責任逃れにも悪用される。

「市民有志の会」の共同代表ら主導者の運動方針は、はじめから闘うことを放棄し、波風を立てないように「折り合える」ところを定めたものである。「3密」回避を言い訳にして、市長との面会者を限定するし、市役所に大勢で押しかけるなどは全く考えない。私は終始、交渉団から除外された。

彼らは、はじめから市当局に擦り寄った。彼らは本来、都市計画課がやるべき各公園にある実態調査を行ない、老朽化して設置し直すべき看板の数と、書き変えればまだ使用できる看板の数を調べ挙げ、設置費用の削減を図った。しかし、新旧であれ、看板を設置することに変わりはない。本来、市民が反対したのは無駄な看板設置の全面撤回である。

一方で署名者たちが市議会に求めた説明は、なぜこんな事業案を可決したか、で、その「責任」を問うているのである。

西欧語で言う「責任」（responsibility/Verantwortung）とは、「応答」「回答」から派生し、「何かに対して応答すること、応答する状態」を言い、「何か起きた時、それに対して応答あるいは対処する義務」があるということである。つまり「説明責任」があるということである。

漢語の「責任」は「引き受けなければならない任務とその結果に関して負うべき義務」を意味し、

そうしないと責められるという意味である。

だから、市議会には「説明責任」があり、市民の質問に答える義務がある。白井市議会に「公開質問状」も出さず、「要請文」に対する「回答」も求めないとは、呆れた市民運動体で、市民の要求を裏切る行為である。

共同代表らは「市民が選んだのだから」と市議団との対立を避けた。しかし、要求を「逸らされ」「ずらされ」て「裏切られた」と憤懣《ふんまん》やる方ない署名者も少なくない。にもかかわらず、一般市民から資金カンパを集めるために口座まで設けた。

共同責任は無責任。政党でも市民運動体でも、よく「共同代表」なる責任者を設けたがる。責任者が3人集まれば、指導力が3倍になると勘違いしてはいけない。責任は分割され各自の責任はそれぞれ3分の1になるものだ。「市民有志の会」は共同代表を3人も立て、無責任な団体になった。

## ❹「妥協路線」確定　第二回「主要メンバー会合」（二月五日）

●第二回「主要メンバー会合」は二月三日という連絡が入った。三日でも遅きに失した。二日には看板業者が確定していたからである。そして、なぜか更に五日に延期になった。

共同代表ら4人が一月二九日、市長に面会を求めたが、市長とは会えず、秘書課長に共同代表連名の要望書を渡した。回答は共同代表宛てに送ってくれるよう伝えてあったが、二月五日現在、届いていなかった。

コロナ看板の経費が減ったからと言って、済む話ではない。「市民有志の会」も市民も求めているのは、看板そのものを設置しないことだ。

業者との契約は八日だから、市と再交渉すべきだった。沖縄の辺野古では土砂投入工事中でも、反対運動を続けているではないか。

●二月五日の「主要メンバー会合」には、「しんぶん赤旗」の記者も同席する予定だった。ところが、共同代表のリーダー格の藤森氏は、「今は私たちの活動を市民運動として進めることではないでしょうか。また政党機関紙だし、変な誤解を与えかねません」とのクレームを出した。この署名運動はそもそも、「コロナ看板」設置に反対した共産党市議が抗議ビラを配ったことがきっかけだった。共産党アレルギーもあるにもかかわらず、共産党のネットワークを使い共産党員らが主導していることを承知のうえで市民たちは署名したのだ。記者が会合で意見を言わなければ、同席して取材したほうが、正確で効率的であると私は思ったが、結局、記者を同席させず、会合後に共産党の徳本市議が会合の内容を伝えることになった。藤森代表は私などが異議を唱えて紛糾が予想される会合の実態を知られたくなかったのだろう。

二月一〇日付の「しんぶん赤旗」は徳本市議の報告記事を載せた。「老朽化した看板の立て替えは容認するが、まだ使える看板の立て替えに交付金を費やすべきではない」という主旨になっていて、市議会と交渉していないことについては一切、触れていない。

●一〇時に始まる予定の第二回「会合」は、藤森代表が遅刻したため30分ほど遅れて始まった。

藤森代表は経過報告の中で、企画政策課課長の対応が非常に横柄だったと伝えた。彼らは、市民運動団体など、はじめっから嘗《な》めてかかっているのだ。

39の公園の看板の実地調査した結果、27基は立て替える必要はなく12基は老朽化しており、藤森代表は「仕方がない」と問題発言。

私は「12基の新築を認める」ということかと質《ただ》した。すると、藤森代表は言葉を濁し「ここは歩み寄って実《じつ》を取ることだ」と返答。ということは「12基の新設は黙認することか」と、さらに質すと、

「今は仕方がない」と返答。ということは「いずれ他の看板を立て直すことも認めるということか」と突っ込むと、「そうではない。基本的に看板設置には反対して行く」と、論点をはぐらかし、論理矛盾の返答をした。

私は「実を取ると言うが、何の実を取るのか」と、さらに追及すると、「市は看板事業費を節約し、その分を他のコロナ対策事業に回せと市に要請することだ」と返答。

「市民が求めているのはコロナ看板事業費の削減ではなく、看板事業を全面的に撤回させることだった」と私が追及すると、氏は「コロナ看板設置反対は三月まで続ける」とだけ繰り返した。

これでは、市民が署名した意味がなく、12基の新設を黙認し、市民の期待を裏切ることになる。国会と同じ逃げの答弁である。

私の追及を躱そうと、「同じ質問を繰り返すな」と、私を側面攻撃して、返答に窮している藤森代表を庇《かば》う発言も飛び出た。国会でのヤジと同じで、私は、また発言を封じられた。

●2300万で落札した「新光園緑化」が指定され、二月八日に契約が結ばれる運びとなった。

ある主要メンバーが、指定された業者の「新光園緑化」とは白井町時代から歴代の町長や市長が、選挙中にこの会社から「陣中見舞い」を受けるなどの選挙応援を受けていると指摘した。こんな「癒着」は、市民のほとんどが知っている。市内の公園の樹木や植栽の園庭には「新光園緑化」をはじめ4社が関わっている。にもかかわらず藤森代表は「そこは突けない」と取り上げなかった。

共産党の中川市議は、臨時市議会を要求することには無理があると言う。市議会は二月一五日に始まり、一八日には「一般質問」が行なわれ、共産党の中川市議と徳本市議が「コロナ看板」事業についての質問に立つ。それに「市民有志の会」の要望を盛り込むことになった。しかし、既設の看板の「撤去」はしないで看板の「修繕」に変更して経費削減を求めるもので、「コロナ看板」設置自体の取り止めではない。市民たちは「コロナ看板」事業の撤廃を求めている。中川市議や共同代表らは指定業者に払う違約金を考慮しての方針変更だと弁解するが、違約金と看板事業費のどちらが高額か。

市長は保健所に代わるコロナ対策の司令塔として、健康課に「白井市新型コロナウイルス感染症対策本部」を設置しているが、ただ部課長を寄せ集めただけの会議で、全く機能していない。私は市長に出す要望書にこの対策本部を全面稼働させる要望を盛り込むよう提案したが、共同代表らから確答を得られなかった。

再度、「市議会に公開質問状を出しては」との提案が二、三の出席者から出た。「出してもらって、いっこうにかまわない」との発言が共産党の徳本市議からもあったが、またもや、妙な気遣いをする藤森代表から「コロナ賛成派の市議を追い詰めることになるので、それは止めておきましょう」との反対意見があり、結局、出さないことになった。

共同代表らは、市政と協力関係の構築を目指した。私は、藤森代表は市側の回し者ではないかと疑った。

●五日午後、再び、共同代表連名の要望書を市長秘書課に届ける予定で、文案が20余名の主要メンバーにメールが回った。しかし、八日に再び再案が回ったので、提出は九日以降になるだろう。ただし、どれも、回答期限を明記していない。

経過報告と今後の活動方針を伝える市民向けのビラは、九日以降に配ることになった。だが、八日には業者との契約が済んでいる。私はすでに一月二七日の第一回「主要メンバー会合」で、署名簿提出後の状況を報告し、真っ先に運動賛同者の市民から今後の運動方針案を募るべきだと提案したが、共同代表らに却下されてしまった。共同代表らの定めた運動方針を、後れに後れて二月九日以降に配ると言う。運動は後手後手に回っている。

六日午後に記録係の主要メンバーから、八日午後には別の主要メンバーから会議録が届いたが、発言者名がなく、発言を端折《はしょ》り過ぎ、内容が不明確。これは会議録の改ざんである。

●あちらこちらに気遣いし、交渉相手に気兼ねする腰の引けた抗議運動が続く。

主要メンバーの徳本悟氏が二月二日、「白井市情報公開条例」に基づき、「コロナ看板」の「実施計画書」の情報公開を求め、八日に「閲覧」の予定だったが、そういう公文書は「不存在」との回答があった。市側は公文書の改ざんや隠蔽や破棄どころか、そもそも公文書を作成していなかったのである。しかも、この事業案は昨年一二月一八日の市議会で可決されたが、その二日前にゴー・サインの「決裁」印が押されていたことが判明した［資料3］。これでは白井市は、情報を公開しないで、密室で行政を進めていることになる。

二月八日の「全員協議会」で、市長は、「看板は予定どおり設置する」と再び言明した。ある主要メンバーの発案で、近隣の大型の公園の看板に「お願いします。壊さないで下さい！税金のムダです。市民有志」という張り紙を貼るらしい。この「壊さないで」の張り紙は、未だ老朽化していない看板に張るので、老朽化した看板の撤去と立て直しは黙認するということを意味する。市の立て替え看板の文言とレイアウトの案は［資料4］を参照。

## ❺市民たちの抗議に揺れる市議団

●長谷川議長が、「市民の声」会派の柴田市議の提案で、市当局に届いた抗議や要望などの問い合わせをまとめるよう議会事務局に指示し、事務局は88件の問い合わせを一覧にした。実際は100件に及ぶようだ。

議長は「コロナ看板」の反対署名運動に名前を出した3名の市議に「注意した」と「全員協議会」で報告し、全市議に問い合わせ一覧を配布した。

公明党の石井議員などは「議長はなぜこんな文書を配るのか」と激怒し、自民党の古澤市議も激怒し、「これはあなたが意図した市民の反応なの?」と共産党の徳本市議に詰め寄ったという。

「ニューウェーブしろい」会派の平田市議の後援者の中にも「コロナ看板」設置に反対している市民が居ることが明らかになった。ということは、他の賛成派市議の後援者の一部も設置に反対していると考えられる。

和田市議ら「しろい未来研究会」のビラは、「コロナ交付金」はＰＣＲ検査に使えないことを論拠に「コロナ看板」設置に賛成すると主張している。彼らの主張は、論理的に全く成立しない。

二月一二日、議長から徳本市議に「問い合わせ一覧」の「問い扱いに注意するように」との電話があった。主要メンバー全員にこの「一覧」を転送していた徳本市議は、この「一覧」を「不特定多数に転送したり配布しないように」とのメールを主要メンバー全員に送った。難癖を付けられたくないから、と言うが、どんな抗議や要望が一般市民から出ているかについては、市民の誰でも知りたいところではないか。

抗議の中には愚案を可決した市議団に「説明責任」を迫る声が少なくない。「市民有志の会」は市議会に何ら積極的働きかけをしてない。

●ヒトラー独裁下のドイツでの「白バラ抵抗運動」にならってか、白は今や、「抗議」や「抵抗」のシンボル・カラー。私は7人の市民改革派と思《おぼ》しき市議たちに依頼のメールとＦＡＸを送った。

**白は今や、「抗議」や「抵抗」のシンボル・カラーです。衆院本会議でも千葉県議会でも、森会長の女性蔑視発言に抗議する議員たちは、白いジャケット、白いバラ、白いポケットチーフなどを身に着けて、会議に臨みました。**

**そこで、もし愚策の「コロナ看板」設置に反対ならば、何か白い物を身に着けて、二月一八日の会議に臨んでいただけないでしょうか。すると、看板設置に反対する市民たちは連帯の拍手を送るでしょう。**

「白」で反対の意思表示を市民に示せば、失った信頼を取り戻すことができる。しかし、白の装いをしたのは、徳本市議一人だけだった。傍聴席に白の装いをして座っていたのは私だけだった。

## ❻後手後手の「妥協路線」確定　第三回「主要メンバー会合」（二月一四日）

私が藤森代表らのいい加減な発言を問題にしていると、ある主要メンバーが「重箱の隅を突《っ》つくのは止めてほしい」と苦言を呈した。一つの発言内容を確認してからでないと、次の議論に進めない。私によほど発言させたくないらしい。

市議会に公開質問状か要望書を出しては、との話しも出たが、藤森氏は「議員を追い詰めていけない」と、再び却下した。

第3次補正予算にコロナ対策事業案をどう盛り込むのかを早急に提示してほしいとの要望書を、市議有志が出すらしい。

しかし、「市民有志の会」としては、市議会や市議団に何の働きかけもしない。市民たちは市議団に「説明責任」を求めている、のにだ。市長も執行部課も「市議会が決めたことだから」と言って「コロナ看板」事業を強行するのだから、今、ストップを掛けられるのは市議会だけなのだ。秘書課長に渡した要望書の回答は二月末になるらしい。回答期限を明記しないから先延ばしにされるのだ。

一般市民向けに経過を報告するビラを2万部印刷して二月九日以降に配る手筈だったが、二月一四日になっても配られていない。

共同代表の藤森氏らは、公園の看板の現地調査を基に、近々、笠井市長に面会を申し込むという。現地調査は担当の部課が仕事。執行機関は現地調査もせずに業者言いなりの事業案を起案して市議会の承認を得ないで、「決裁」していた。

藤森代表は「一段落してからでいい」と言う。一段落とは三月になってからということか。署名した市民たちはどうなっているのか知りたがっている。ビラは翌週中に配ることにはなったが、何事も事後報告では、何を提案しても手遅れになる。共同代表らが定めた運動方針に従って異論を唱えられない時点で配るらしい。両面カラー印刷ノビラ［資料5］が実際に配られたのは二月二七日以降になった。署名活動を始めてから40日余りが経っていた。結局、運動が行き詰まった時点で配ったのである。

市議会に対して働きかけたという報告は一切ないから、市議団に「説明責任」を求めないのか、という市民からの抗議の声が高まるだろう。

裏面の最下段の「カンパのお願い」として口座名義と口座番号が明記してあるが、市民の期待を裏切り行き詰まった運動団体にカンパする市民がいるか。

交渉相手は市長と担当部課だけであり、市長との面会は、市議会中は難しいとの回答があった。この間に委員会は開かれても、本会議のない日が何日もあるというのに、だ。ということは、「市民有志の会」代表らとの面会は閉会する三月一七日以降になる惧れがある。面会は故意に拒否されているのだ。面会は「コロナ看板」設置完了後になるかもしれない。市長も執行機関も「市民有志の会」を無視している。

後手後手に回って妥協して行く路線が確定した。署名した一般市民たちは共同代表らに対して批判の声を高めている。この署名運動は共産党市議が配ったビラに触発されたものなので、共産党の協調路線にも批判が及んでいた。

●二月二五日に「全員協議会」が急遽、招集された。この日の「協議会」は、竹内市議の「空気清浄機導入案」に、休憩時間も挟んで一時間半も時間を取られた。「3密」対策が徹底し、換気も頻繁に行っている市議会場に空気清浄機を設置して、更なる感染防止に効果があるのか。素人考えでも効果は見込めまい。複数の専門家に調査してもらうといい。この空気清浄機については、ある業者が新聞に広告チラシを入れて宣伝していた。

私が訊きたかったのは公明党の石井市議の議長に対する異議申し立てである。彼女は、議長が議会事務局の作成した市民からの抗議や要望の一覧を全市議に配布したことに対して異議を唱えた。その一覧には匿名の市民からの抗議も含まれているから、そんな一覧を配る必要がないと言う。匿名であっても市民の声であることに変わりはない。「小さな声を聴く」公明党の市議とは思えない難癖である。新型コロナ期の今だからこそ、孤立を深めた人々の発する小さくか細い声に耳を傾けなければならない。

一方で市議会の「未来研究会」会派は、「コロナ交付金はＰＣＲ検査には使えない」というフェイクニュースを流し、共産党会派の運動を牽制していた。

## ❼二月一八日の「一般質問」

●二人の市議が結集すれば、二月一五日から始まる市議会に「コロナ看板」設置反対の議案を提出できた。動揺している市議の中には再考して今度は反対に回る可能性もあった。それでも数で負けるだろうが、良識ある市議たちは、その見識を市民たちに示すことによって信頼回復ができたろうに。しかし、それをせず、一八日の市議会で二人の共産党市議が「一般質問」に立つことになり、中川市議は「新型コロナ交付金をあてる公園看板事業について」追及し、徳本市議は「今後の新型コロナ対策と市民生活支援について」追及した。「一般質問」は執行機関に対して行なうもので、市議団の決議を覆すことはできない。これは明らかに戦術の誤りであった。
抗議のシンボル・カラーの「白」を身に着けて登院した市議は徳本市議一人だけ。本気度が問われる。他の市議連はこの義挙を無視。座れる傍聴席は16で、傍聴者は14名だった。つまり、ほぼ満席だった。
●新型コロナ交付金については中川・徳本の両共産党市議が「質問」に立った。
徳本市議の「質問」は新型コロナ禍中での市民への生活支援を市当局に問うもので、「コロナ看板」

恐れ入りますが、切手をお張り下さい。

〒113－0033

東京都文京区本郷

2－3－10

お茶の水ビル内

（株）社会評論社　行

---

おなまえ　　　　　　　　　　　　　　様

（　　　　　才）

ご住所

メールアドレス

購入をご希望の本がございましたらお知らせ下さい。
（送料小社負担。請求書同封）

書名

メールでも承ります。　book@shahyo.com

今回お読みになった感想、ご意見お寄せ下さい。

書名

メールでも承ります。　book@shahyo.com

については、老朽化した「公園使用上の注意」の看板だけを撤去して立て替え、まだ使える看板にはコロナ予防の注意書きを張り付けて、削減した事業費を、他のコロナ対策事業に回せ、という提案だった。

中川市議の「質問」は執行機関が提出したコロナ看板事業案がいかに杜撰に起案されたかを証明した。

コロナ対応の「司令塔」は企画政策課・都市計画課・総務課・財務課などの課長や主査らから成る「行政経営戦略会議」。コロナ看板事業は二〇年一〇月二一日の「行政経営戦略会議」で発案されていたが、検討したという記録はなく、企画財政課が一二月一五日に起案し、翌一六日に決裁されていた。一八日の市議会で可決される二日前のことである。可決される前に執行機関が独断でゴー・サインを出していたのである［資料6］。しかも都市計画課はこの二か月間、市内の公園の看板の実地調査を行なったと言うが、その調査記録は破棄されていた。看板業者の言うことを鵜呑みにして起案したのである。

中川市議は疑わしい4点について鋭く問い質したが、市長はじめ執行部課長らは説得力ゼロの不誠実極まる答弁を繰り返して時間つぶしを謀った。持ち時間切れになり、第2の質問項目の「生活保護」に関する質問ができなかった。

市長は「市議会で決まったことだから」と、旧看板の撤去と「コロナ看板」の新設を進めると言明した。

二人の市議の告発を聞いて動揺する市議もいたが、このをさらに追及する動きは市議団にはない。５名の市議が結集すれば、「臨時市議会」を招集し、「コロナ看板」設置の反対議案を提出することができる。この動きは市議団にも「市民有志の会」にも全くない。

杜撰な看板事業案を杜撰に審議して可決した白井市議団は、その「不見識」を日本全国に晒《さら》した。

## ❽三月二四日に市長と「懇談」、四月二三日に「市民有志の会」解散

●市議会会期中を理由に「市民有志の会」との面談を拒んでいた笠井市長が三月二四日、「有志の会」と「面談」することになった。

しかし、共同代表らは、「交渉」を「懇談」と認識し、参席者を共同代表三人に限ろうとし、はじめから妥協する姿勢が見え見えだった。

主要メンバーの徳本悟氏から、（1）参席できるメンバーを加えること、（2）面談録はメモだけに頼らず、録音すること、（3）コロナ看板は税金の無駄遣いであり不要だという市民の抗議の声をどう受け止めているかについての市長の回答を訊くことを求めた。

「コロナ看板」は税金の無駄遣いという観点から、市に「住民監査請求」をするらしい。

しかし、「市民有志の会」は運動を継続せず、四月末で解散し、税金の無駄遣いを追及する「請願」をする動きもない。

「懇談」記録を読むと、「市民からコロナ看板設置を求める声があった」という市長の発言の真偽を追及せず聞き流すなど、追及姿勢が全く見えない。

何をするにも手遅れ。初動で運動方針を誤まった住民運動の末路である。「白井市民有志の会」の代表らは、元凶である市議団を「追い詰めてはいけない」などと言って、そもそも最初に交渉相手を間違えていた。市政をリードする立場にあるのに判断を間違えた市議団を、なぜ「責めてはいけない」のか。彼らは市議会に対する働きかけを、最初から回避した。「コロナ看板」設置の全面撤回を迫らず、後手後手に回った。そして、契約が済んだからと、部分撤回の運動方針を固めた。その後も、白井市の「コロナ看板」設置は税金の無駄遣いであると、テレビが全国に報道したが、「市民有志の会」は待ちの姿勢で臨んで居た。

三月二四日の市長との「懇談」の際に提出した「要望書」に対する回答が四月八日、届き、再度求めていた市長との「懇談」はお流れになった。

●四月一三日、市長と市議全員が出席して、コロナ対策についての意見交換会が開かれた。席上、日本共産党の徳本市議が「看板事業についても効果を検証し、市民に伝えるよう」市長に要求した。「市民有志の会」は四月二三日の会合をもって解散となったが、藤森共同代表から同日夜、主要メンバーにメールが届いた。けやき台公園などにコロナ看板は植木や樹木などで見えない位置に設置されていたので、電話で都市計画課に抗議し、写真も送った、担当者が見に行ったというが、どう処置するかの回答はない、「コロナ看板」設置に賛成した市議にもメールを送った、と言う。「けやき台公園」や「けやき台多目的広場」のコロナ看板は今、正しい位置に設置し直してある。「コロナ看板」事業に反対した「市民有志の会」が事業の手抜きを補完し、事業の完全実施を手伝ったような話しである。

## ❾「コロナ看板」に封印　六月一五日の「一般質問」

●六月の白井市定例議会初日の七日、市議会の議長改選が行われ、議長に「市民の声」の岩田市議、副議長に「政和会」の血脇市議が選出された。しかし、岩田議長は「討論一人一回の原則」を是とし、血脇副議長は「核兵器廃絶は市議会の権限外の事項」と見なし、地方自治の根本精神を弁《わきま》えていない。

この正副議長の改選を、「偏らずバランスの取れた人選で、よかったです」と、「市民の声」の柴田市議は、六月の議会報告で評価している。何が「よかった」のか。岩田市議は白井市民の声を結集する「北総一揆」を唱えてはいるが、「市民の声」会派は結局、革新勢力にはなりえない中道右派だから、共に右に偏りバランスは取れていない。

国会の記者会見では同じ記者が再質問できないが、「一般質問」では繰り返し質疑でき、問題を追及できる。しかし、時間制限がある。だから、答弁者は、持ち時間潰しにだらだら喋ることがある。

●一五日の「一般質問」に二人の共産党市議が質問に立った。他の会派市議には馴れ合い質問が多いが、共産党市議は執拗に追及質問をすることで知られている。

しかし、その共産党市議も、執行機関との対立関係や市議会の他の諸会派との緊張関係を避けるために追及を控える傾向にある。

「質問14番」で中川市議が「生活保護について質《ただ》した。「扶養照会」という生活保護認定の手続きを問題にした。

「扶養照会」とは、自治体の福祉事務所が生活保護申請者の親や配偶者、兄弟や孫などの親族に、生活援助が可能かどうかを問い合わせる生活保護認定のための手続きである。これが、生活保護申請をわせる大きな障壁になっていると指摘し、白井市における「扶養照会」の現状を質した。

政府も「扶養照会」は法執行上の「義務ではない」「生活保護は国民の権利」と応えているから、必ずしも本人が文書を書く必要はなく、口頭申請でも有効ではないのかと問うた。

しかし、福祉部長は「ずらす・ぼかす・かわす」の答弁3原則に則り、確答を避けた。市議の多くはこの「保護照会」に伴う人情の機微に関心を示さず、居眠りをしている市議も数人いた。

「質問第15番」で徳本市議が「市の新型コロナ対策について」質《ただ》した。

肝腎な質問は（5）の「新型コロナウイルス感染症対応地方創生臨時交付金を行なった事業の効果をどのように総括して市民に伝えますか」であった。つまり、「コロナ看板」設置が有効であったかを質したかったのだ。合わせて、「しろい未来研究会」が四月に配ったビラで「コロナ交付金はPCR検査には使えない」というフェイクニュースを取り上げ、「コロナ交付金はPCR検査にも使える」という言質を、市長や各部課長、全市議が揃った市議会場で取るはずだった。

ところが、徳本市議は、（1）ワクチン接種の今後の見通し、（2）PCR検査の拡充、（3）貧困家庭に対する支援策、（4）生理用品の無料配布、の質問に時間をかけ過ぎて、40分の持ち時間をほとんど使い果たし、（5）の質問を始めた時には残り時間は2分ほどしか残っていなかった。徳本市議の追及は具体的で、市執行機関が39の公園の事前調査をせず、市議会で可決される前に業者の案を決済していたことや、市長は市民の「コロナ看板」設置反対に耳を貸さないことなどを指摘し、「コロナ看板」設置の効果を問題視した。

しかし、岩田議長は時間切れを告げ、質疑を打ち切った。傍聴席から「市長は回答しないのか」という抗議の声が上がったが、議長も市長も、これを無視した。

八月一五日号の『しろい議会だより』は「市政のここが知りたい」で、徳本市議の質問を取り上げているが、（５）の質問に対する回答は載せていない。

岩田議長と答弁者間で、そう仕組んでいたのかもしれないし、質問者の徳本市議も「コロナ看板」問題への更なる追及を避けたかったのかもしれない。

徳本市議自身も、「市長や執行機関を追い詰めないように」と「市民有志の会」の共同代表らから、また警告を受けていたのかもしれない。共産党員や共産党シンパから成る「市民有志の会」の意向に沿って言動しなければ、共産党市議は「岩盤支持層」の支持を得られず、次の選挙で落選する惧れもあるのだろう。

徳本質問が打ち切られ、休憩時間に入った。傍聴していた「市民有志の会」の主要メンバーが、「市長に文書で回答を求めればいい」と徳本市議にアドバイスする場面もあった。しかし、市長が文書で回答するとは思えない。彼らが「市民有志の会」が市長に公開質問状を出して回答するよう要求すれば回答するかもしれないが、「市民有志の会」はもう存在しない。

●今回の市議会と「一般質問」が終われば、二度と市議会で「コロナ看板」設置の是非を議論されることはないだろう。市議団は「コロナ看板」設置を可決するという不見識の説明責任を問われることはないし、市長と執行機関は「コロナ看板」事業の不始末を追及されることもないだろう。「コロナ看板」設置に賛成した市議らは賛成した説明責任を果たさず、質疑中に居眠りするなど、だんまりを決め込んでいる。「市民有志の会」の共同代表らも「説明責任」から解放される。彼らは、白井市政上の汚点となる「コロナ看板」問題から逃げ切り、封印してしまったのである。

●白井市立の白井中学校で二一年六月二一日、未来の街づくりを考えるワークショップが開かれた。テーマは教員側が提示した。20班に分かれて討論し提言をまとめ、笠井市長ら市政幹部にその提言を発表した。私なら、「コロナ看板」設置が適切であったかを討論させ、税金の有効活用をテーマにしたろう。白井中は、市当局と協力して「コロナ看板」問題に封印したのである。

## ⑩「コロナ看板」設置阻止運動の総括とその末路

●ひと先ず、「市民有志の会」の署名運動を総括する。「コロナ看板」阻止については、何ら成果を見ずに終わった。新聞メディアは、その後、追跡記事を載せていない。

署名集めは、共産党市議の「コロナ看板」設置反対を、「市民有志の会」が支援する形で始まった。しかし、共同代表らは、当初から勝手に闘争方針を違《たが》え、愚策愚演を始めた。看板設置が始まる前に看板設置を撤回させなければならなかったのに、だ。

これは、東京五輪開催が迫る七月になって東京五輪中止のオンライン署名を約14万筆集め、開催直前の一九日になって東京都庁に提出した学者、作家、ジャーナリストら共産党シンパの文化人、同じく45万筆集めた弁護士らの愚挙に酷似している。日本共産党は東京五輪が始まってから五輪中止を唱えた。どれも「本気度」ゼロ。二〇年夏の段階で、オリンピックという国際大会の廃止を訴えるべきだった。

オリンピックの理念が崩壊して久しく、開催の意義はすでに損なわれた。なのに国際オリンピック委員会（ＩＯＣ）のバッハ会長は無観客であっても「世界中の何十億もの人々がこの五輪をフォローし、感謝するだろう。そして日本人が成し遂げたことを褒め称えるだろう」と演説した。これを、日本人は自画自賛と呼ぶ。

しかし、国威発揚と経済効果を目的に、一つの都市で同じ時期に全ての競技の世界大会を開催する意義があるだろうか。

それぞれの競技の世界大会を、好条件の都市と時期にそれぞれに開けばいい。ＩＯＣは、それぞれの世界大会を協賛支援する機構に組織替えすればいい。

●第一回会合の時点で、「コロナ看板」設置全面阻止を取り止めて老朽化した「公園使用上の注意」の看板を「コロナ感染予防の看板に建て替える事業」に切り替えた。しかも、その後、建て替えが行われると、杜撰な設置工事を指摘して工事を補完してやる始末。

署名した市民は「コロナ看板」事業費の削減ではなく看板事業の全面撤回を求めたのに、彼らは老朽化した看板の立て替えは認めた。

市長は一月二一日の面会で「市議会が決めたことだから実施する」と言明したのだから、市議団に癒着の臭う看板事業を可決した説明責任を求めるのが筋だが、彼らは市議団に対する働きかけを終始避けた。

二月中に決定を覆せたはずだが、新聞やテレビの報道に頼り、市長と面会したのは二度だけ。しかも、彼らは市長との「交渉」を「懇談」と心得違いし、終始及び腰。どこどこの公園に看板が立ったと報告し合うだけで、二度目の市長との「懇談」は工事がほぼ完了する三月二四日。

最後の報告ビラは、公開質問状ではなくこれまでの市長の発言と、名前を出さずに各市議の発言を載せ、彼らに説明責任を問わないことになった。この成果皆無の解散ビラ［資料7］は、やっと八月半ばに配られた。

署名運動の限界などという次元の話しではない。「市民有志の会」はやれることをしなかった説明責任にも触れない。

集まった2761筆のうち2000余筆は日本共産党シンパの署名だが、残りの500余筆は非共産党シンパの署名で、署名はしないものの「コロナ看板」反対の非共産党シンパの市民は多数いた。だから、何らかの成果を収めていたら、共産党は次期選挙で党勢を増したろうが、成果皆無では、共産党の得票は減るだろう。［実際、二〇二三年四月の白井市議選では共産党票は300票減った］。

「市民有志の会」の愚作愚演は四月一四日、終幕した。延べ41人の白井市民から約7万円の資金カンパを集めた。

●住民運動を煽り、当局と馴れ合うプロの市民運動家も少なくない。彼らは「市民運動ゴロ」と呼ばれているらしい。

藤森氏らには「下総基地の米軍機使用絶対反対」の住民運動を盛り上げて置きながら、勝手にその要求を突然取り下げ、その運動の「記録」を残すことに切り替えた「前科」がある。今回も反対署名した市民の期待を裏切った。彼らにも「説明責任」が問われている。

彼らははじめから本気度が問われる反対運動だった。看板設置は三月中にほぼ完了した。

彼らはコロナ看板事業費を削減させたと自讃するだろう。市民たちが求めたのは看板事業の撤回だった。彼らは後手後手に回って市と妥協した。

藤森共同代表は、白井市議会は行政監視の役割を果たしていないと言いながら、今後、市議会に対して、公開質問状や要望書を出す気はない。つまり、彼らは「コロナ看板」設置の愚挙の元凶である市議団の糾弾を最後まで避け、彼らは、致命的に運動方針を間違えた。

彼らは看板事業費を削減させたとでも総括するのだろうか。「コロナ看板」騒動は白井の市議会と市民運動の歴史上の一大汚点となるだろう。

市民は看板設置事業の全面撤回と設置賛成の説明責任を求めていたのだ。なのに、今なお賛成意見を改めない。三月と六月の定例市議会後に「市民の声」会派の岩田市議や柴田市議、公明党会派らは議会報告ビラを配ったが、「コロナ看板」の始末には全く言及していない。

「コロナ看板」設置賛成派の市議らが、「コロナ看板」が有効であったと主張したら、支持者からも失笑を買うだろう。

市議会の「未来研究会」会派は四月、「コロナ交付金はＰＣＲ検査に使えない」という誤報を、会派の議会報告ビラで流した。共産党会派は、それを否定する会派ビラを配っていない。

私は情報源が切れることを危惧し、共産党市議の情報提供と「市民有志の会」からのメール連絡を受けていたが、六月一五日の「一般質問」以降、彼らの情報は途絶えた。

「市民有志の会」は成果皆無で四月一四日解散、最後の報告ビラは、八月一八日になって私の地区に配られた。

「市民有志の会」の最終ビラは、なぜ「コロナ看板」反対運動が不首尾に終わったかに触れていない。成果なしの「説明責任」を果たさない。「市民有志の会」幹部の間嶋氏のメール（八月一〇日）に従って最終ビラの「残念な結果になりましたが」という文言を、なぜ削除したのか。

「市民有志の会」の共同代表らは、「コロナ看板」設置阻止運動をミスリードした。そんな彼ら4人を、「しろい九条の会」の旧「世話人会」が新世話人に推薦し、25人ほどの「全体集会」［つまり「総会」なのだが、なぜ「総会」と言わぬ」の出席者によって新世話人［結局、「役員」なのだが、なぜ「役員」と言わぬ」に選ばれた。この愚挙を知り、私は怒り心頭に発した。

彼らは「交渉」を「懇談」、「総会」を「全体集会」、「役員」を「世話人」と言い換え、本来、政治運動団体なのに同好団体を装う。

●白井市政は、コロナ禍に乗じて、業者と癒着して「コロナ看板」設置などの「行政パフォーマンス」を演じた。

菅義偉首相は二〇年一〇月、日本学術会議の会員任命に際し、「任命されなかったことについては特に申し上げることはない」と任命拒否の判断理由を一切説明しなかった。白井市長も市議団も、

「コロナ看板」設置の有効性を白井市民に説明していない。

## ⑪騒動にしない市民運動の低調

「組織政党は支持者を私有財産化せざるをえない」（篠原『日本の政治風土』一九六八年１８０頁）。公明党や共産党はなお更だ。

かつて市民運動家の小田実は日本共産党を、市民運動などを自党に系列化する既成政党」と批判した（一九八〇年）。

日本共産党は市民運動を組織し主導したがる。三里塚闘争では「空港反対同盟」の活動方針に干渉し、運動から排除された。

●大抵の白井市の市民活動団体は、二〇一七年に市庁舎一階に設けられた「しろい市民まちづくりサポートセンター」に登録し、活動の拠点にしている。90余に及ぶ団体の多くは同好会的グループで市政批判をしない。「白井平和委員会」や「しろい・九条の会」などのような政治活動団体もあるが、政治色を表に出さないように努め、及び腰で活動している。

「しろい・九条の会」は二一年八月現在、約１００名の会員を有し、共産党シンパが主導する護憲団体であるが、鵺《ぬえ》的な市民運動体である。「九条の会」は現在、全国に７５００余り組織されている。

●二〇一四年四月、市民運動体の活動に対する行政側の支援をめぐって、ひと悶着があった。
白井市と同市教育委員会は同年四月一日、「行事の共催及び後援に関する規程」を改定。「後援」を承認しない基準としていた「政治的目的を有するもの」を「政治的色彩を有するもの」に改めた。

この改定は、同年二月二四日の白井市議会の「一般質問」で、保守反動派の市議が、「しろい・九条の会」主催の講演を白井市が「後援」したことを問題視し、後援基準の見直しを求めたことに因る。市側は「検討すると回答していた。白井市総務課は「市の政治的中立の立場を守る上で、後援の承認基準を改定したもの。政治的な集会を規制する意図はない」と説明した。

行政側は決まって「政治的中立」を口にする。政治的色彩に濃淡はあれ、政治的意図を含まない住民運動はあるまい。憲法問題ならば、憲法改正運動を進める団体が改憲を訴える講演を催したら、これも後援すれば、政治的中立の立場を守れるだろう。護憲運動の講演だけを規制するのは不公平だ。

二〇一八年八月、「しろい・九条の会」は護憲派の憲法学者の樋口陽一氏を招いた講演会を主催したが、白井市はこの講演会を「後援」した。

しかし、その後も「しろい・九条の会」は不利益を被らないように市政批判を避け、自主規制している。「総会」を「全体集会」、「集会」を「懇談会」、「役員」を「世話人」と呼び、政党色を薄め、市民自由参加の友好団体にしている。
●「しろい・九条の会」の「世話人会」は市政や国政を批判する投稿は「会報」に載せない。私が「会報」に寄せた記事はイチャモンを付けられ、しばしばボツにされたので、その後は寄稿してない。

二〇年六月の「しろい九条の会」総会でも発言を封じられた。

憲法九条をはじめ「護憲」活動をする団体であるから、政府や市の違憲的暴挙を批判することこそ、「九条の会」の本旨で、「市民有志の会」を主導したのも、この会の主要メンバーである。藤森共同代表ら「市民有志の会」の主要メンバー四人は二一年七月の総会以降、「しろい・九条の会」の「世話人」(役員)になり、その一人は「しろい・九条の会」代表に選ばれた。彼らは「市民有志の会」をミスリードしたばかりではないか。私は彼らを「新四人組」と呼ぶことにした。白井市の住民運動を、再三ミスリードしてきた彼らが跋扈《ばっこ》する「しろい・九条の会」の体質に抗議し、「九条の会」を詐称するこの市民運動体を脱会した。私は共産党系市民の「壁」を実感している。

### ⓬市民運動の本旨

市民運動は、直接民主主義の一つの形態であり、議会制デモクラシーを補完する運動である。

**✍「抵抗型」の政治参加**

●横浜の林文子市長は二〇一七年の市長選中、カジノ誘致に関しては曖昧な言動に終始していた。ところが3選後、カジノ誘致を言明。騙された思いの横浜市民は、林市長のリコールを求める署名活動を進めた。ギャンブル依存症を増やす公設賭博場を建てるのだから、税金の使い方を間違えている。しかし、リコールに約49万筆が必要なのに9万筆余しか集まらず、運動は頓挫した。

署名に慎重な市民が多かったからだ。

横浜という大都市で、有権者の16％の署名を集めるのには「手間と費用の高い壁」（広越由美子「リコール運動」代表）があった。

しかし、有権者が約5万人の白井市で「コロナ看板」阻止運動を進めるのには、２５００余筆の署名で十分だった。革新派市民は次期白井市議選で「コロナ看板」設置などの税金の無駄遣いに反対する市議をより多く当選させなくてはならない。

立憲民主党は二一年八月二二日投開票の横浜市長選の推薦候補に、カジノ誘致反対の山中竹春氏の擁立を決め、共産・社民両党も支援し、カジノ誘致に反対する勢力の幅広い結集を目指した（六月二九日）。

現職の林市長は七月一五日、出馬を表明し、カジノを含む統合型リゾート（ＩＲ）誘致については、「経済活性化の一つの核」であるとして、誘致推進を掲げた。一方、自民党は横浜市へのＩＲ誘致の中止を掲げる前国家公安委員長の小此木八郎氏を推薦候補にした。自民党には分裂選挙となった。

６人の候補者中、カジノ誘致賛成は林文子候補と福田峰之候補の2人だけ。

山中候補は横浜市立大医学部教授としてコロナの「中和抗体」に関する研究チームを主導した経歴から候補者中「唯一のコロナ専門家」をアピールし、一貫して科学的根拠に基づいたコロナ対策の実現を訴えた。しかし、山中候補は医療分野の「データサイエンス」つまり統計の専門家であって、「感染症医学の専門家」ではない。

一方で、医学部教授時代の「パワハラ疑惑」と「不当要求問題」で落選運動も展開されていたが、有権者の不安と直結して、無党派層の39％から支持を集め、当選。投票率は49・05％で、前回を12ポイント近く上回った。

選挙戦の焦点がカジノ誘致問題からコロナ感染対応に移ってしまった。カジノ誘致を唱えた林市長はリコールされたも同然で、カジノ誘致は中止になる見通しだが、カジノ誘致の本質的問題は影を潜めかねない。横浜の他に、大阪、和歌山、長崎などがＩＲ誘致に名乗りを上げ、政府は来年五月以降、３カ所を上限に選び、二〇年代後半の開業を見込んでいる（二〇二一年八月二三日）。

●白井市の「市民有志の会」の運動が頓挫したのは共同代表らの失態に因るが、共産党本部の妥協路線に従っているからだ。共産党はそもそも国政においても妥協路線を採り、他の野党を取り込もうと擦り寄っては、肝腎な段階で袖にされる。七月の東京都議選では立憲民主との選挙協力は効を奏したと言えるが、国民民主は共産党との選挙協力を問題視していて、野党間の共闘の足並みは揃《そろ》わなかった。

コロナ看板反対の「市民有志の会」が解散しても、運動を先導した共産党市議や反対署名してそれを支援した市民たちが、「市民有志の会」の妥協路線をかなぐり捨てて、志ある市民有志が結集して、自分のやり方で「税金の無駄遣いに反対する運動」を継続すればいい。

自分のやれるやり方というのは、税金の無駄遣いを糾弾する「市長への手紙」を連続的に出すとか、共産党市議ならば税金の無駄遣いを追及する「一般質問」を継続するとか、徳田氏であれば税金の無駄遣いを追及する「陳情」をするとか、私ならば彼らの税金の無駄遣いをルポにするとか、だ。だからと言って、「税金の無駄遣いに反対する会」を立ち上げるつもりはない。どうせまた、「市民有志の会」の残党らが入り込んで、運動をダメにしてしまうからだ。

●愛知県渥美郡渥美町在住で記録文学の先駆者として知られ、共産党町議を2期務めた杉浦民平は一九五三年、海苔の漁業権をめぐる地方ボスらと漁師たちの政治抗争を記録した『ノリソダ騒動記』を公刊した。共産党市議は町議会で少数会派であれ、馴れ合うことなく変革路線を元気に突っ奔った時代の話しである。

その後、杉浦の蔵書約10万冊を図書館寄贈し「杉浦明平コーナー」を設置する計画をめぐって、また一《ひと》騒動が起こり、「町の恥をおもしろおかしく紹介している」と言う反発の声が町議の一部から上がった（一九九二年三月一六日付『朝日』）。

町や市の恥を、全国に晒したのは、彼ら「こんな人たち」である。心得違いも甚だしい。

残念ながら、白井市の「コロナ看板」阻止運動は、「騒動」にはならなかった。当初、騒いだのは新聞やテレビもマスコミだけ。しかも、報道陣は「市民有志の会」の共同代表らが運動をミスリードしことを報じず、この住民運動の末路も報じなかった。「こんな人たち」も当てにならない。

守旧反動派の市議らは無視し、市民改革派らしい市議らも沈黙し、「市民有志の会」をはじめとする市民運動体は、阻止運動を展開せず、白井市民の有志は反対署名をしただけで傍観。「コロナ看板」設置に気づいて不審に思った市民も少ない。

だから、「コロナ看板」阻止運動は「騒動」にはならなかったと総括せざるを得ない。

●白井市の日本共産党シンパ主導の市民運動の体たらくは共産党本部が二〇〇〇年前後から協調路線に転じたことに起因するようだ。野党共闘のため「小異を捨てて大同につく」と称して歩み寄ってばかりいると、共産党は骨抜きになる。取り込む心算《つもり》で擦り寄っても、選挙協力はするが、連立からは排除される。大異と党是を捨てた果てに結局、「共産外し」に遭う。

一九九九年二月、国旗・国歌の法制化が提唱された。「日の丸」は船舶などが国籍を示す印になるから、国旗にせざるをえないが、「君が代」の国歌化はいけない。案の上、教育現場では「君が代」の起立斉唱を強制され、これは憲法違反。当時、「不起立不斉唱」運動を進めていた私は、当時白井市議だった鳥飼氏に協力を求めたが、何の回答もなかった。

一九九九年三月、事実上、自衛隊を容認。自衛隊を災害救助活動に動員するのには国民も私も大賛成だが、その後、自衛隊が武器装備を捨て、「防衛庁」を「災害救助庁」（仮名）にし、自衛隊を「災害救助隊」に編成替えする政策を共産党は進めているか。共産党は綱領の前文から「前衛政党」という位置づけを削除したが、やはり共産党は前衛となって、例えば上記の二つの運動を進めるべきだ。共産党は変革の旗を掲げて正論を通し、「仁義ある闘い」を進めるべきである。

●共産党は「国民に愛される共産党」を目指し、いつも耳障りの好い、万人受けする美しい言葉で尤もらしいことを訴える。

私と同じ全共闘世代の田中優子（前法政大学総長）は回顧している―「セクト（党派）は教条主義で、言葉だけが躍る。皆が同じ言葉を話すことに抵抗感がありました」。彼らは学校の優等生のように教科書どおりの言葉遣いをする。

鳥飼共産党元市議は「一人ひとりの多様な思いや要求を束ねる活動が、強く大きな運動につながるのではないだろうか」という小文を、「しろい・九条の会」の会報（二〇二一年四月号）に寄せた。氏も「コロナ看板」反対運動の主要メンバーだった。「市民有志の会」の要求は、「コロナ看板」設置阻止ただ一つ。しかも、「日本政府に核兵器禁止条約の署名・批准を求める署名」などとは違って、設置に取りかかる前に阻止しなければならない喫緊の署名運動だった。「多様な思いや要求を束ねる」とかと万人受けする言葉で、運動の焦点を暈《ぼか》してはいけない。彼らは暈して働きかけるべき所との折衝や摩擦を避け、運動の方針を違えてしまう。

二〇一九年四月二一日投票の白井市議選の投票率は44・74％で、白井市史上最低。共産党候補二人の得票は合わせて2381票。だから「岩盤支持層」は2000ほどだろう。今回の共産党主導の「コロナ看板」設置阻止運動が成功していたら、共産党の党勢が拡大し、二三年四月の市議選に共産党候補を4人立てられるだろう。票を4人に分配し、500余、得票すれば、当選できる。

「朝日新聞」の二〇二二年五月の調査では「支持政党なし」が47％だった。私も基本的に「支持政党なし」の一人だ。他の政党に比べて選挙公約がマシそうだったら、共産党候補に入れるが、万人受けする公約を総花的に並べてあったら、棄権することにしている。

●私は右も左も斬り捨てた。だが「絶望するには、いい人が多すぎる。希望を持つには、悪いやつが多すぎる」（井上ひさしの戯曲「組曲虐殺」）。白井市には左右に悪い奴らが多すぎる。全ては市民の民度次第。白井市民は行政監視の義務を怠ってはならない。

昭和四〇年代の話しだが、政治学者の篠原一《はじめ》は、国民の政治参加の基本的態度を「参加型」「義務型」「抵抗型」「無関心型」の四つに分類し、それぞれの国にはその複数の要素が絡み合って存在し、「無関心型」は自由社会でも通例、30％前後を占めると言う（『日本の政治風土』一九六八年47頁～52頁）。

白井市の有権者は凡そ5万1千人。二〇一九年四月の市議選の投票率は44・74％だったから、残りの55・26％の有権者が棄権したことになり、白井市の無関心層は凡そ55％。

「統一教会」の社会浸食は地方にも及び、知事7人と県議約150人にも旧「統一教会」と接点があった。白井の市長選や市議選にも及んでいるかもしれない。

次の市長選と市議選には無関心層も参加し、彼らを排除し、白井市民は義憤と良識を示そう。Remember Corona signboards!「コロナ看板」を忘れるな」。「（市民を）なめたら、いかんぜよ」（鬼龍院松恵）。

## ⑬自治体議会改革と住民運動の「壁」

●「老害」もあってか守旧頑迷な議員は、支持者から批判されても意見を改めないから、彼らを議会から排除するしかない。良識ある有権者は次回の選挙で彼らに投票しないだろう。

市の「指導的地位」に就いている「こんな人たち」が数百以上の白井市民の支持を受け、年に360万円を超える議員報酬を受け取り、政務活動費を36万円まで使い切ることができ、他に諸手当も付き、彼らは白井市の「指導的地位」にある。

全国の地方議会で政務活動費の不正使用が次々と明るみになっている。富山市ではここ約半年間で14人の市議が辞職に追い込まれた。この不祥事は、「皆が許してきた」から起こったのだ（二〇一〇年一〇月二〇日付『朝日』）。「皆」とは地方議員団と彼らに投票した支持者である。

地方自治の「い・ろ・は」も弁《わきま》えぬ「こんな人たち」に白井市の「指導的な地位」に立たれては、迷惑。「こんな人たち」を市議にした白井市民の民度も問われる。

国会答弁中に関係行政官庁の官僚が国会議員を「〇〇先生」と呼ぶことがよくある。森下寿『公務員の議会答弁術』は、本会議では「〇〇議員」、委員会では「〇〇委員」と呼ぶべきだと忠告している。議場では「〇〇先生」と呼ばない申し合わせをしている自治体もあるが、議員控室や議場外で「〇〇先生」と呼ばれる場合も少なくないという。私は白井市議を「〇〇先生」とは決して呼ばない。

●民主主義は、選挙で首長や議員を選んで議会で物事を決めてもらう「間接民主制」と、リコール制のように住民自らが住民投票で物事を決める「直接民主制」の二つを柱で成り立っている。不適任な代表を選挙で選んでしまうことも少なくないから、直接に住民が政治参加することによって是正する必要があるが、日本では直接参加のしくみが法的に未整備である。「陳情」や「請願」などは、議会の表決に付され、住民投票で賛否を問うものではない。

地方民には「地方自治法」に基づく「解職請求権《リコール》」がある。住民投票に持ち込めるのはリコール運動だが、リコールに必要な法定数の署名を集めなくてはならない。

有権者の3分の1以上の署名を集めれば、都道府県知事と市町村町の解職を選挙管理委員会に請求できる。請求が有効であれば、請求から60日以内に住民投票を行ない、有効投票総数の過半数が賛成すれば、その首長は失職する。同じ手続きを踏めば、地方議会を解散させ、地方議員を失職させることができる。同様に有権者の3分の1の署名を集めれば、都道府県知事や市町村長に地方役員の解職を請求し、議員の3分の2以上が出席し、その4分の3以上の賛成が得られれば、副知事や副市町村長、選挙管理委員や公安委員会委員、教育長や教育委員などを解職できる。

二〇二〇年に行なわれた大村秀章愛知県知事に対するリコールは組織的な不正が疑われている。愛知県選挙管理委員会は、提出された署名43万6千筆の約83%に無効の疑いがあると発表した。リコール運動事務局の幹部が名古屋市の広告関連会社幹部に「名簿を代筆するための人を集めてほしい」という趣旨の依頼をしたという（二一年二月）。署名を偽造したのが事実であれば、「地方自治法」に基づき、3年以下の懲役か50万円以下の罰金などが科される。

古代アテネには「違法提案に対する公訴」という訴訟手続きがあり、有罪とされた提案者は、軽くて高額の罰金、重い場合は公民権喪失ないし死刑を科された。

一九八九年三月の大分県別府市長のリコールは過半数の賛同が得られず実現しなかった。横浜市の林市長リコールは9万筆余りの署名しか集まらず、頓挫した。しかし、リコールが実現しなくても、次の市長選や市議選での当落に大きな影響を与えるだろう。

●私の地元・千葉13区の衆院議員が、緊急事態宣言下で会食自粛中の夜間に東京都内の高級ラウンジで女性と会食していた。白須賀議員にはカジノ導入をめぐる汚職疑惑もあった。自民党を離党し、次期衆院選には立候補しないと言うが、自民党千葉県連は、党本部に議員辞職を勧告するよう求めている。古代アテネであれば、真っ先に弾劾裁判にかけられ、罷免か処刑されていたはず。

参院広島選挙区での大規模買収事件で自民系県議ら13人が現金を受け取ったとされている。彼らに計20万票を集票する力があった。しかし、辞職を表明した者は一人もいない。「もらい事故だ」と居直る県議もいる。東京地裁は六月一八日、河井元法相に懲役3年の実刑判決を言い渡したが、現金を受領した広島県内の地方議員ら100人については、全員を不起訴にした。被買収も明らかな違法行為である。

前経産相の菅原一秀衆院議員は、選挙区内での違法寄付問題の責任を取って、六月一日、議員辞職を表明した。公民権停止を狙ってのことらしい。

●今の選挙方式では無理だが、古代アテネの陶片追放と日本の最高裁判事国民審査を真似て、投票用紙に当選させたい候補者名と落選させたい候補者名を併記してはどうか。つまり、例えば、白井市議選では少なくとも600票前後の得票がないと当選できないが、800票得票しても落選票を400票もらった候補者は400票しか当選票を獲得しなかったことにすれば、その候補者は落選する。

こんな選挙方法は「公職選挙法」は認めないが。「白紙投票」戦術は一定の効果を発揮する。

政治に参加し投票したいが、投票したい候補者も党も見つからない場合がある。政治に無関心だからではなく、議員にしたい候補者がいないことに対する抗議の意思表示として白紙投票するケースがある。国と選挙によっては「白紙投票」運動が起こる場合がある。「こんな人たち」に政治は任せられないと思ったら、白紙投票して抗議の意思表示をすべし。

選挙管理委員会は「白紙投票」を無効にするが、「白票」は投票率にカウントする。「白票」数を公表しない選管が多い。

「白票投票」は候補者全員に対する拒絶反応なのだから、選管は全員に対する批判票として「白票」の総数と「白紙」投票率を公表すべきだ。

彼らが白井の市政と市議団の愚昧を日本全国に晒したことを、良識ある市民たちは忘れまい。市民の良識が次期市長選と市議選で、「コロナ看板」設置に賛成した候補者の得票を減らして落選させることを、私は切望する。「当選すれば何をしてもいい」と居直る代表を選んではならない。

市民を「なめたらいかんぜよ！」（鬼龍院松恵）。

●東京五輪・パラリンピック組織委員会の森喜朗会長は二〇二一年二月三日、「女性がたくさん入っている理事会の会議は時間がかかる」という女性蔑視発言で世界の顰蹙《ひんしゅく》を買った。森氏を擁護する自民党の二階幹事長は「ボランティア辞退の動きは「瞬間的」とし、また新たにボランティアを募集する、追加する」と語った。

彼らは日本の政治家の典型で、「調整型」の政治リーダーである。調整とは、根回しと裏での談合である。彼らは根本的（radical）な改革を推し進めるのではなく、専《もっぱ》ら調整力を発揮して政界での地位を築いて行く。水面下で根回しして合意を形成し、誰も異議を申し立てない次のリーダーを祭り上げる。「密室」で橋本聖子・五輪相が後任に決まった。橋本組織委員長は女性蔑視発言した森・前会長を「政界の父」と今も仰いでいる。

●代表民主制の下では選挙で選んだ議員らが政治判断をするが、その政策に有権者たちが異議を唱えることもできる。直接民主主義の立場で有権者たちは抗議行動を起こすこともできる。

市の「指導的立場」にあって異議申し立てすべき市民運動のリーダーらも、「調整型」のリーダーに変貌し、時に「市民運動ゴロ」に堕す。彼らは互いに歩み寄るのではなく、一方的に当局に擦り寄り馴れ合い、運動をミスリードした彼らの愚行も、市民たちは忘れてはならない。

こんな人たちに市政も市民運動も任せられない。それじゃ、「今の世の中、右も左も真っ暗闇《くらやみ》じゃござんせんか」（藤田まさと作詞『傷だらけの人生』一九七一年）。

●マックス・ヴェーバーは政治家に必要な資質として、「情熱」と「責任感」と「見識」の三つを挙げた。「自分が世間に対して、捧げようとするものに比べて、現実の世の中がどんなに愚かで卑俗であっても、断じて挫《くじ》けない人間」、可測・不可測の一切の結果に対する責任を身に引き受け、挫けない人間、政治の倫理が所詮、悪をなす倫理であることを痛切に感じながら、「Dennoch（それにもかかわらず）」と言い切る自信のある人間だけが、政治をBeruf（天職）とすることができる、とマックス・ヴェーバーは政治指導者に限りない強靭《きょうじん》さを求めた。が、自分が政治家指導者に課した恐るべき強靭さにたじろいだか、彼自身は政治指導者になろうとはしなかった（『職業としての政治』）。しかし、ヴェーバーの言う政治家は独裁者に変貌しかねない。プラトンの言う哲人政治家も、独裁者になる惧れがある。

プラトンは『国家』の中で、「知恵ある善き統治者」たりうる哲学者を君主とする理想国家を構想したが、「哲人王」であれ、僭主に変貌しかねない。

●白井市議団のほとんどは「情熱」も「責任感」も「見識」もない政事屋あるいは政事業者である。

しかし、それでも理想を掲げて変革を担える層は存在する。それは「社会的に自由に浮動するインテリゲンツイア」である（カール・マンハイム）。

「面従腹背」は、組織機構に属して生きて行かざるを得ない者の処世術である。今は面でも腹でも従順でなければ、不利益を被り、生き難《にく》い。

多くの組織人には組織の決定に黙従するという慣習が定着しているから、面従腹背さえ無理かもしれない。退職後も、かつて属した組織機構の考え方を金科玉条としている退職者も少なくない。まだ定職に就かない若者層も「社会的に自由に浮動」しているが、就職に際し「転向」して組織の一員になれば、そこの組織文化に染まってしまう。

近代化を推進し変革の担い手となるのは「進取の精神を持った人々」（D．E．アプター『近代化の政治学』一九六五年）である。その一部を構成するのがマージナル・マン［境界人］である。「マージナル・マン（marginal man）」は元々、心理学用語で、一般に「二つ以上の異質な社会や集団に同時に属し、両方の影響を受けながらも、そのどちらにも完全に帰属しない人間」のことである。

幕末から明治期にかけての留学帰りもマージナル・マンである。だが、官僚機構に組み込まれれば、「郷に入っては郷に従う」ことなる場合も少なくない。

しかし、「群れ」から離れた退職者には面従腹背も社交辞令も無用だから、彼らは異議申し立てをし、既成の体制や通念を打ち破る力になれる。

知識社会学者のカール・マンハイムは、支配的イデオロギーから相対的に自由である集団や階級階層は「社会的に自由に浮動するインテリゲンツチャ」であるとした。そして彼らには二つの道があり、一つは「個々の階級や党派に盲目的に加わる道」、もう一つは「自分自身の位置と使命に対する厳密な知識に基づく決定を行なう道」であると書いた（『イデオロギーとユートピア』一九二九年と『変革期における人間と社会』一九四〇年）。

しかし今、知識人や専門家の多くは第一の道を選び、国策を推し進める尖兵となり、職業上の義務を怠っている。

自治体議員になるのは主として、自由の利《き》く中高年。常勤サラリーマンの青年壮年層は議員になれない。自由業でもない限り、議員給料だけでは生活できないからだ。だから、自治体議会は定年後の職場になる。

年輪を重ねた老人たちはそれなりに「知恵者」である。組織機構から解放され生き残るために「面従腹背」する必要もなくなった。「社会的に自由に浮動」できる退職老人層が異議申し立てをすれば、変革の力になる。しがらみのない年寄りは過激化する。私はコミュニストより赤く、アナーキストより黒いと自認している。

しかし、退職老人層に変心を望むのは無理な話しか。現役時代の価値観が皮膚となり肉となり骨の髄まで沁み込んでしまっていて、古着を脱いで変身したぐらいでは、改心できないかもしれない。

白井市の「コロナ看板」設置反対運動を担った主要メンバーのほとんどは定年退職した老人層だった。しかし、老耄《ろうもう》が嵩《こう》じたか、体たらく、市民運動の理念を忘れ去っていた。市政に異を唱える住民運動は、年寄りの道楽ではない。

　年寄りの特性は、頑迷と円満の混在。頑迷である一方で、丸くコトを収めたがるが、変革には頑固なまでの執拗さと円熟した知性の両方が必要だ。でないと、老人層による住民運動は「老人クラブ」とみなされ、「老害」視されかねない。
●市民大学なる学習会が各地にある。敗戦直後には静岡県三島市に「庶民大学三島教室」が二年近く活動し、和歌山県神宮市では作家の中上健次が三〇年前に立ち上げた「熊野大学」が今も活動している。いずれも文化人を招いての講演会だ。私も白井市民の学習会を思い付いたことがある。ただし、著名な文化人を講師に招いたりせず、明治の自由民権運動期に五日市で開かれた討論会のような市民手作りの勉強会である。誰かが問題提起し、討論によって互いの考えを深める学習の場を設けたいと思った。
　しかし、「しろい・九条の会」や「白井平和委員会」などの「こんな人たち」の体たらくを知るに連れ、白井市には設立できまいと断念した。

# 第六話　やはり「こんな人たち」には任せられない

**❶二〇二一年一〇月三一日衆院選の投開票を前に**

●東京地裁は、カジノを含む統合型リゾート（ＩＲ）事業をめぐり、収賄と組織犯罪処罰法違反（証人買収）の罪に問われた衆院議員の秋元司被告に対し、懲役４年、追徴金約７６０万円の実刑判決を言い渡した（二〇二一年九月七日）。裁判長は「特定企業と癒着し職務の公正を損なった」と述べ、「最低限の順法精神すら欠如している」と批判した。

これに対し、弁護団は即日控訴し、秋元議員は「むかつく」「頭にくる」「到底納得できない」「衆院選に立候補する考えに変わりはない」とコメントした。

判決が確定していないため、「公職選挙法」上、立候補は可能だ。しかし、地元の東京15区の有権者は秋元氏に投票するか。

贈収賄が「持病」になっているモンゴル国の現地紙「ウドリーン・ソニン」紙も九月八日、前代未聞の司法妨害事件として報じた。

秋元前衆議院議員は東京15区から一〇月一九日告示の衆院選に無所属で出馬を予定していたが、一八日、不出馬を表明した。理由は「混乱を避けたいため」だと言う。

私は当初、なぜ「こんな人たち」が議員になれたのか、という疑問から、本論を書き始めた。しかし、次第に、なぜ「こんな人たち」を有権者が選んだのか、という疑問に変わった。要するに東京15区の有権者は安易に秋元候補に投票し、その後、秋元議員の活動を監視していなかったのである。

●慶応四（一八六三）年三月一四日に明治天皇の名で宣布された「五箇条の御誓文」の第一条には「万機公論に決すべし」とあった。天下の政治は世論に従って決定すべきであるとの意味であり、明治新政府の基本方針であった。しかし、以後、公論が民意として政治や政策が反映されることは稀である。

ところで、「公論」あるいは「世論」（public opinion）は、どのように形成されるのだろうか。「群衆」（crowd）も「公衆」（public）も、成員間に共通の関心が存在する非組織集団であるが、「群衆」は「肩と肩をすり合わせた人々の集団」で、街頭などに一時的に存在する（ルボン『群衆心理』一八九五年）。「公衆」は、群れ集まった存在ではなく、個々ばらばらに存在し、その結びつきはコミュニケーションによって保たれる。

「大衆」（mass）は支配的な社会的勢力の対極にある「多数の無定形的な存在」であり、社会運動上、プラスにもマイナスにも働く。「大衆」は集まり群れれば、群衆化する。日本社会では大抵「庶民（the common people）」と呼ばれている。

ガブリエル・タルドは付和雷同的に集まり群れた「群衆」よりも、「理性《レゾン》」に目覚めている「公衆」を民主主義の成立基盤と認めようとした（『世論と群衆』一八九八年）。理性的な個人も、群れると、理性的な判断ができなくなる。

「公衆」はばらばらに分散し孤立していても、共通の関心を共有すれば、コミュニケーションを通じて結び付き、「公論」あるいは「世論」を形成できる。特にコミュニケーションの手段が発達した現代は「世論」の形成が容易である。インターネットで署名サイトを立ち上げれば、ネットで署名も集められるが、熟考せず理性的に判断しないで安易に署名する場合も多くなる。

「伝統（tradition）」は先人の残した有益な遺産でもあるが、現代人には世論形成を制限する「社会的精神（esprit social）であり「理性の担い手」になる現代人には重荷となる。「伝統」は大衆の「感情的で付和雷同的な索引力であり、彼らの心奥深く根を下ろした古色蒼然たる行動原理」である。世論が大衆化して「伝統」に組み入れられるならば、「今日の理性が明日の世論となり、明後日の伝統となるだろう」が、「慣習」の威を借りて、理性的な変革者たちを圧迫、放逐」すれば、社会は旧態依然のままである（タルド）。

議員は特定の関心と利益を共有する社会層の代弁者とも言えるが、「指導的な理性の権化」（タルド）である本物の政治家（statesman）であるならば、未来を見据えて、特定層に偏しない公正な政策を進めるだろう。

民主主義社会における「公衆」の民度が問題になる。有権者は「覚醒」し、本物の政治家を選ばなければならない。

●菅総理の出馬見送りを受け、九月一七日の告示を前に、4人の自民党議員が立候補を表明した。投開票日が近づくに連れて彼らは持論をトーンダウンし、安倍前総理ら派閥の有力者の顔色を伺い、争点を暈して対立を避け、主張には濃淡や温度差があり、万人受けを狙う。領袖が立候補した岸田派以外の6派閥は事実上の自主投票。自民党内の大きな腐ったリンゴどもが、自民党議員と自民党党員・党友を腐らせてしまい、野党議員や一般有権者まで毒されている。

自民党総裁選の底流には安倍・菅政権の「負の遺産」に訣別するか否かの課題がある。「公文書改ざん」であれ、「桜を見る会」であれ、「河井選挙買収」であれ、「原発再稼働」であれ「防衛力増強」であれ、問題は「説明責任」を果たそうとしないことに尽きる。

岸田文雄前政調会長は、二〇一九年の参院選で元法相の河井克行夫妻側に党本部が提供した1億5千万について、「買収に使われていないことを書面をもって、しっかりと国民に説明する」と語った。しかし、河井夫妻は買収に使ったと認めており、「しっかり」と説明したら、「しっかりと買収に使った」ことを証明することになる。「丁寧な説明」は「国民の皆さま」に「丁寧な言葉遣い」をするに過ぎない。森友問題については当初、「国民が納得するまで説明を続ける」と発言していたが、安倍前首相が不快感を示しているとの情報が拡がると「再調査は考えていない」と打ち消した。「核燃料サイクルを止めれば、現実に動いている原発すら動かすことが難しくなる」と原発維持を主張している。

党内の「脱原発派」の急先鋒だった河野行政改革相は「現実的なエネルギー政策」に変心し、当面、既存の原発の再稼働を容認し40年ではなく60年延長を認めた。森友問題に関しては安倍前首相を忖度し、「検察、その他いろいろ動いているわけだから必要ない」と、再調査を否定した。

安倍前首相の全面的支持をバックにした高市前総務相は、裁判中を理由にコメントを避け、「安全性が確認された原発の再稼働」を主張。核禁条約は「実効性がない」とし、改憲し危機管理に投資し安全保障に力点を逸らした。

「桜を見る会」の問題について「丁寧に説明すべきだ」と答えたのは野田聖子党幹事長代行だけ。森友問題の再調査を主張し、地熱発電の導入を唱え、当選したら閣僚の半数を女性にすると言明した。

安全保障に関しては4氏とも、中国の台頭や北朝鮮の核・ミサイル開発を理由に防衛力強化で足並みをそろえた。

首相になった場合、記者会見での記者からの再質問に関しては、河野候補は「再質問に応じる」、野田候補は「希望があればしっかり答えていく」と言明。岸田候補は国民からみて不自然な会見であってはならない」、高市候補は「質問が全部なくなるまでやることは現実的ではない」と、明言を避けた。会見時の質問指名にも偏りが顕著。彼らに「説明責任」を果たす気はあるか。

ニュージランドのアーダースン首相は毎日、記者会見を開き、再質問や再々質問にも丁寧に答え、「双方向性」を見事に実践している。

投開票日の前日には、岸田氏が当選すれば幹事長は高市氏、高市氏が当選すれば幹事長は岸田氏、河野氏が当選すれば幹事長は石破茂氏で官房長官は小泉進次郎氏との憶測も飛んだ。九月二九日午後の決選投票では予想通り高市候補の票が岸田候補に流れ、岸田氏が当選。

岸田新総裁は当選後の記者会見で、「私の特技は人の話しをよく聞くということ」と語った。しかし、誰の話しは聴くと言うのだ。「虎の威内閣」との世評もある。聞くだけで、納得の行く説明も明確な主張もしなければ何にもならない。衆院代表質問で森友再調査について問われ、財務省も検察も徹底的に捜査し「結論は出ている」と答弁。「内容はしっかり受けとめさせて頂きたい」としたが、「返事等については慎重に対応したい」と躱《かわ》した。相変わらず、論功行賞と派閥重視の人事。今回の自民党総裁選も所詮、同じ穴でのムジナの小競り合い。誰が新総理になっても、挙党一致体制になり、争点は解消し、自民党の体質は旧態依然のままだ。

「宏池会」は本来、憲法9条を守ろうとする政策集団。なのに第9代目会長の岸田新総裁は、敵基地攻撃能力の保有を理由に改憲を目指す。

自民党総裁選は茶番。「こんな人たち」に国政を任せられない。

## ❷衆院選総括

### ◎ヴェーバー『職業としての政治』（1918年）で読み解く政治責任

マックス・ヴェーバーが「職業」と呼ぶのは「天職（Beruf）」のこと。彼は、政治指導者を「政治を天職としての政治のために生きる」政治家（Staatsmann）と「政治を生活源とする」政治屋（Politiker）とに分類した。

議員は特定の社会層の利益の代弁者とも言えるが、次の選挙に備えて自分の支持層だけの利益のために政治活動をするのは政治屋のやること。政治家ならば、大所高所に立って深慮遠謀し、公正な判断に判断した政策を押し進める。

ヴェーバーは政治家に必須の資質として、「情熱」「責任感」「判断力」の三つを挙げた。「情熱」とは「責任感」と結びついた情熱的な献身のことであり、「判断力」とは、責任ある行為をするために冷静さを失わずに「事物と人間に対して距離を置いて見る」能力である。権力者の意向を忖度する「聞く力」など、政治には不要な資質である。

ヴェーバーは政治責任を、「責任倫理（Verantwortungsethik）」と「信条倫理（Gesinnungsethik）」とに分けて論じた。「責任倫理」とは「行為の予見しうる結果に対して責任を負う」こと。「心情倫理」とも訳せる「信条倫理」は純粋な心情あるいは信条による行為で、「結果が悪くとも、責任は本人にではなく、社会か他者か神の意志にある」。「責任倫理」は信条を欠き、「信条倫理」は政治的無責任に陥り易い。

日本共産党が議席を10に減らし、比例代表の得票を416万票に減らした。志位委員長は「我が党は、政治責任を取らなければならないのは間違った政治方針を取った場合だ。今度の選挙では、党の対応でも（野党）共闘でも政策でも、方針そのものは正確だったと確信を持っている」（一一月一日）と、明解に引責辞任を一蹴した。

一方、立憲民主党の枝野幸男代表は二日、代表辞任を表明。議席が96に減らし、比例票が約1100万票に止《とど》まったのは、「ひとえに私の力不足」と引責。「野党連携」は選挙戦略として間違っていなかった。「閣外協力」ということで、共産党とも連携を組んだ。代表の引責辞任を言い立てるのは、共産党を「野党連携」に取り込んだことを非難する立憲民主の党内外の勢力である。

二人は「結果責任」として「責任倫理」を問われているが、「私はこれ以外のことをなし得ない。

私はここに立つ」と決断したのだから、「信条倫理」は問われない。「絶対倫理」を説く「山上の垂訓」には、政治責任を問えない。

自公政権側は「野党連携」を「野合」などと口汚なく言うが、「野合」だって合意の上で行われる。「政治家」としての資質を備えた議員を選べるのは民度の高い有権者。だからオルテガ・イ・ガセットは大衆に「覚醒」(『大衆の反逆』1930)を求めた。

「野党連携」は今回の衆院選で一定の効果を発揮し、「覚醒」した有権者たちは、幾つかの小選挙区で「政治屋」を排除した。

一一月三〇日投開票の「立憲民主」の代表選も茶番だった。逢坂、小川、泉の3候補は「広い範囲の支持層」を取り込み、「立憲支持層のウイングを広げる」と主張し、右派に接近した。原発に関しては、小川・泉の2候補が再稼働、逢坂・西村の2候補は原発ゼロ目指す。4候補とも改憲の是非は争点にしていなかった。結果、泉候補が代表に当選。

衆院選後、「連合」は「立憲民主」に「国民民主」と合流することを求め、旧「国民民主」出身の「立憲民主」の新代表らは、共産党との「閣外協力」合意を見直し、共産党を「野党共闘」から排除する方向に舵を切った。この合流を、与党も野党も「野合」と呼ばないのが不思議。

共産党は「立憲民主」に「踏まれても踏まれても付いて行く下駄の雪」になるか。野党が総じて与党化する中で共産党は、「立憲民主」を排除して「社民」や「れいわ新選組」と新たに「野党共闘」を組むか。

### ◎ヒトの進化

クロポトキンの「相互扶助論」（一九〇二年）は、日本ではアナキズムに理論的基盤の一つとしてのみ評価されてきたが、動物社会から人間社会まで調査観察した民族学的著作である。「相互扶助」はどの動物社会にもどこの村落共同体にも見られる生存のための「共助」で、進化は弱肉強食の競争ではなくて「相互扶助」に拠る。

自然地理学と生物学が専門のP．クロポトキンの「相互扶助論」は東シベリアでの地理と動植物の5年間のフィールドワークに基づく。

ダーウィンが提起した「生存競争」は「相互扶助」を内包する概念だったが、ダーウィン主義者は、「弱肉強食」の狭い概念にしてしまった。

ロシアの博物学者たちは、ダーウィン主義者に異議を唱えた。彼らはフィールドワークに基づいて「闘争なき進化」を例証し、むしろ「進化の要因は生物の相互扶助にある」と主張した。ロシアの博物学者とクロポトキンたちは「相互扶助と両立する競争」というダーウィンの観念を発展させた。

クロポトキンに言わせると、同じ種に属する動物間に激しい生存競争は見当たらない。「相互扶助」こそ種の生存に不可欠であり、進化の主要な要因である。生物は生存競争より相互扶助を通じて進化する。

人類は相互扶助して危機を脱出してきた。相互扶助の精神は危機的状況の中で甦る。スペイン内戦下で幾つものコミューンが誕生した。

食料の絶対的不足状況での姥捨てや嬰児殺しは、権力による強制ではなく、共同体内での合意に因る。

動物社会において、生存手段をめぐる個々の個体間の闘争がどのようにして消滅し、闘争がどのようにして「協同」に代わるか、そしてこの交替の結果、最上の生き残りの条件である知的な道徳的な能力を、種がどのように発達させるのか。最適者は肉体的に最も強健なものでも最も狡猾なものでもなく、互いに支え合うために相互に扶助し合う術《すべ》を知っているものであり、「最も繁栄し、最も多くの子孫を作れる群れは、最も共感し合えるメンバーを最大に擁したものである」とクロポトキンは書いている。

相互扶助を阻む意識の壁は何か。相互扶助の小さなコミューンで act locally するが、think globally すれば、相互扶助の世界が築ける。

生物の進化は偶然の変異に基づき、意図的に変更できるものではない。自民党の広報はダーウィンの進化論を引き合いに出しながら、「最も強い者が生き残るのではなく、最も賢い者が生き延びるのでもない」「唯一生き残ることが出来るのは変化できる者である」と誤解し、日本をより発展させるために憲法改正が必要だと説いた（二〇一〇年六月）。ダーウィンはそんなことは一言も言っていない。

誤用であるとの批判を受けて二階俊博幹事長は、惚けか呆けか、

「何を言っても、そういうご意見が出るところが民主主義の世の中であって、この国の良さだ。

おおらかに受け止めていったらいいんじゃないか」「ダーウィンも喜んでいるだろう」と躱《かわ》した。民主主義だからと言って、フェイクニュースやデマが「公論」としてまかり通るようでは民主主義国の日本の発展はない。自説を誤用されて喜ぶ学者は居ない。

ヒトの猿知恵を取り除いてくれる突然変異は起こりそうにない。京都大学の霊長類研究所で、不正経理問題が発覚。チンパンジー飼育施設の整備を巡り、架空取引などによる支出が約5億円あったことが露見した。京大は霊長類研を解体し、「ヒト行動進化研究センター」に再編する。サルから行動進化したヒトは研究者であれ、誤魔化しの猿知恵を働かせる。

日本大学の田中英寿理事長が一一月二九日、脱税容疑で逮捕された。田中理事長は、日大相撲部時代に学生横綱に輝き、卒業後に日大職員になり相撲部のコーチをしながら、アマチュア横綱のタイトルを三度獲得。一九九九年に理事、二〇〇二年に常務理事に就き、二〇〇八年から理事長に就任。13年間、日大のトップとして君臨した。反対派の理事を左遷し、イエスマンで固め、体育会系を重用した。アスリート化社会の犯罪と言える。

## ❸岸田首相の「所信表明演説」（二〇二一年一二月六日）と施政方針演説（二〇二二年一月一七日）

### ◎岸田演説と中江兆民『三酔人経綸問答』

所信表明演説は、長いほど内容が希薄。言語明瞭であっても、意味不明。長ければ、丁寧な説明なるとは限らない。「人の話しを聞くのが特技」の岸田首相の所信表明は曖昧で、結局どうしたいのか言明せず、終始、逃げを決め込んだ。核兵器禁止条約には触れもしなかった。

具体的に踏み込んだかに見えた安全保障政策については、「敵基地攻撃能力も含め、あらゆる選択肢を排除せず現実的に検討し、スピード感をもって防衛能力を抜本的に強化していく」と言う。それなら、敵基地攻撃能力を強化するのが手っ取り早く現実的だが、却って日本の基地はミサイル攻撃の的になる。

憲法改正については、安倍元首相のように「改憲ありき」の文言は避け、「現行憲法が今の時代にふさわしいものであり続けているかどうか、我々国会議員が、広く国民の議論を喚起していこうではありませんか」と呼びかける。しかし、喚起するのは改憲するための議論。国民の半数以上は改憲を望んでいない。

北京冬季五輪で外交ボイコットを、との声が与野党から上がっていた。「五輪の精神や外交上の観点など、諸般の事情を総合的に勘案し、我が国の国益に照らして適切な時期に自ら判断したい」と、岸田首相は逃げていた。外交ボイコットは五輪の理念からすれば、当然。主催国で人権弾圧が酷い。政府外交団を派遣して、何の国益になるか。

政治的であれ、古代ギリシャのオリンピックは自由で活発な言論活動の好機で、オリンピック会場の周囲には論客や弁士が集まって演説を繰り拡げた。日本の自由民権運動期で言えば、演説会の会場のようでもあった。

衆院は二二年二月一日、中国の新疆ウイグル自治区などでの人権侵害を念頭に置いた決議を採択した。しかし、「中国」という具体的な国名を盛り込まず、「人権侵害」や「非難決議」という文言も明記せず、「国際社会が納得するような形で説明責任を果たすよう強く求める」と、玉虫色の腰が引けた決議となった。

岸田演説にはやたら「新しい」「大改革」「転換」などと大仰な言葉が並ぶが、丁寧な説明にならない。岸田首相が掲げる「丁寧で寛容な政治」には結局、ほど遠い。

アジアの端っこの島国の国防はどうあるべきか。中江兆民は『三酔人経綸問答』の中で洋学紳士と東洋豪傑という二人の論客に激しく議論し、兆民に擬せられる南海先生は二人の極論を調整できず、将来の経綸の私見を問われても、茫洋として「児童走卒も知れる」ことを語り、酒を飲み続けた。両君は呆れ、洋学紳士は北米に、豪傑君は上海に去り、再訪することはなかった。結局、南海先生も逃げたのだ。

実際の兆民の中には洋学紳士の理想主義と軍備撤廃論も豪傑君の膨張主義と軍備拡張論も共存していたようだ。中国侵略を豪傑君は、成功すればよし、もし成功しなくても国内の守旧分子を除くことができると言ったが、兆民は晩年、ロシアと戦って勝てば大陸に雄飛できるし、もし負けても国内の革新ができると発言し、弟子の幸徳秋水に批判された。

無論、岸田首相を、南海先生に擬すつもりはさらさらない。

岸田首相は施政方針演説で「いわゆる『敵基地攻撃能力』を含め、あらゆる選択肢を排除せず現実的に検討する」と語った。要するに「敵基地攻撃能力を前向きに検討する」という意味だ。

岸田政権は当初、戦時中の朝鮮半島出身者の「強制労働」を理由に佐渡金山遺跡の世界文化遺産登録に反対する韓国政府の主張を考慮し、見送りを検討していた。ところが、安倍元首相ら自民党内の反発などに押されて、登録推薦に転じた。

「朝日新聞」の高橋純子編集委員の言を借りれば、岸田政権は「鵺《ぬえ》」的政権。曖昧な言辞を弄し、正体を隠す。兆民の論稿には、主張を曖昧にする政治的言い回しは一切ない。

### ◎民主憲法の行方　憲法を国民の手に「取り戻す」

日本の近現代史上、憲法論議が国民の関心を喚起した時代が、二度あった。

第一の時代は幕末維新から「大日本帝国憲法」公布までの20年間で、一八七〇年代から八〇年代の自由民権運動の時代と重なり、「憲法の論、朝野で言い囃し三尺の童子も耳熟《みみじゅく》するに至れり」（井上毅《こわし》）、１０２種の「私擬憲法」が生まれた。しかし、伊藤博文は、井上毅らと秘密裡に憲法草案を作成し、一八八九（明治二二年二月、非民主主義的で反動的な「大日本帝国憲法」を国民に押しつけた。

第二の時代はアジア太平洋戦争が終結した一九四五年八月から「日本国憲法」公布までの時期で、29種の「民間憲法」が起草された。

幣原内閣は松本私案をＧＨＱに提案したが、民主憲法とは縁遠く、マッカーサーはホイットニー民政局長に憲法草案の作成を命じた。民政局は日本の民間憲法を参考にし、天皇の地位の変更、戦争放棄、封建制の撤廃を三原則とした。

幣原内閣はこのＧＨＱ草案を受け入れ、自由民権家の私擬憲法を反映させた改正草案をＧＨＱ

に届け、両者の幾度もの協議の末に「日本国憲法」が完成、一九四六年一一月三日公布、翌年五月三日から施行。日本の反動勢力が民主勢力によって民主憲法を押しつけられたのである。だが、早くも「改憲」論議が一九五〇年代後半から始まった。

安倍自民党政権は二〇一五年二月、自民党憲法改正推進本部を再始動させた。一六年七月の参院選で改憲に前向きな勢力の議席が3分の2を超え、七月一六日、参院憲法審査会が審議を再開。二一年六月には改憲の手続きを定める「改正国民投票法」を成立させた。

岸田政権発足後、初の衆院憲法審査会が一二月一六日開催され、「改憲」論議に拍車が掛かった。自民党は自衛隊明記や緊急事態条項などの「改憲4項目」をたたき台とする議論を主張し、共産党を除く野党も結局は、「改憲」論議の立場に立っている。

だが、国民の過半数は改憲を望んではいない。特定の改正案を前提に議論を急いでは、国民を分断させる。

野党筆頭理事の奥野総一郎議員は「改憲4項目を前提に議論を進めるのは拙速」と強調。だから「改憲原案の発議を任務として憲法調査会を動かすべきではない」（共産党の赤嶺政賢議員）。

一方、自民党は昨年一〇月の衆院選で「絶対安定多数」の２６１議席確保。議席を増やした公明党と「維新」も改憲を目指し、改憲勢力は改憲発議に必要な３１０議席を上回った。自民党は昨年一一月、自民党総裁直属の「憲法改正推進本部」を「憲法改正実現本部」に改称した。自民党は改悪憲法を国民に押しつけようとしている。

現行の憲法が現実に合わなくなったから、憲法を改めるのでは筋が通らない。憲法の理念の実現を目指して「不断の努力」をし、その現実こそを変えるべきである。

岸田首相は昨年一二月六日の所信表明演説で、広く国民の議論を喚起したいと呼びかけ、一月一七日の施政方針演説では「憲法の在り方は、国民の皆さんがお決めなるものです」と言明。ならば先ず、憲法論議を主権者である国民の手に取り戻そう。

## ❹コロナ看板の行方

白井市の都市計画課は「行政運営報告」の中で「公園利用環境向上事業」としての「コロナ看板」設置について自画自賛の自己評価を公表し、「コロナ看板」設置反対の市民運動が起こったことには全く言及していない。コロナ交付金について内閣府は、アンケートや検証をきちんと行なった結果報告を求めている。「コロナ看板」反対運動に触れない報告は、偽の公文書である。白井市も白井市議会も、「コロナ看板」反対の声を封殺した。

石川県能登町はコロナ交付金を充てて巨大イカのモニュメントを制作した。この建設の是非は世界をお騒がせした。税金の「無駄遣い」などと批判を浴びたが、英国BBCや米紙「ニューヨーク・タイムズ」などが取り上げた。完成後は、多くの観光客でにぎわっている。しかし、白井市の「コロナ看板」は一部の新聞やテレビは騒いでくれたが、反対の市民運動は低調で市の「騒動」とはならなかった。「コロナ看板」をわざわざ見学に出かける地元市民も観光客もいないし、コロナが終息すれば、看板は「公園使用上の注意」に書き換えられる。書き換えに、また予算がかかる。「コロナ看板」設置は、税金の無駄遣いだった。

今年三月末の時点で「アベノマスク」約8300万枚（約115億1千万相当）が倉庫に保管され、保管料は約6億円に上る。税金507億円が「タンスの肥やし」になっている。

「コロナ看板」設置反対の署名に2500余筆が集まった。次期市議選には「税金の無駄遣いをさせない」を選挙スローガンに候補者を立てるといい。

## ❺「この市民にして、この市議」市議会報告会のまやかし

支持者を集めた政治集会は、主催者側に都合よく仕組まれる。

二〇二二年一月一〇日、白井市議会の「市民の声」会派の報告会に出てみた。「自校方式」の「桜台小中学校給食のあり方検討委員会」についての報告があると、この会派の案内ビラで知ったからだ。

「市民の声」会派市議3名の他に、私を含む参加者10名は中高年の市民。知識社会学者のカール・マンハイムは、社会変革の担い手として「社会的に自由に浮動するインテリゲンチャ」に期待した。年金生活者は社会的に自由に浮動できるし、議会報告会に出席するくらいだから、「知識水準」も政治意識も高いはずだ。

「市民の声」会派だから、公明党会派のように「小さな声」を聞き、巡回バスの本数やバス停を増やすとかの日常生活の小さな問題に取り組むが、市議としての識見が問われる大きな案件から

は逃げ、口を噤《つぐ》む。居眠りを装う市議まで居る。

聴く「声」を色分けし、市政を糾弾する「大きな声」には耳を貸さない。議場では小さな議題についてはよく発言するが、大きな議題には意見を言わない。

審議は委員会でも本会議でも「討論一人一回の原則」に縛られ、議論にならない。市議は重要な議案ほど賛否の意見を言明せず、黙って賛否どちらかに起立して意志表明し、多数決で決める。

「核禁条約」をめぐる意見書提出問題は討論にならず、公文書の『作成・管理・公開』の適正化を求める陳情」は、ほとんどの市議が逃げを決め込み沈黙し、不採択にされた。

2500余の市民が、税金を無駄遣いする「コロナ看板」設置に反対して署名運動を展開した。しかし、「熟議」は行われず、設置に反対した市議は、この会派4名中の1名を含む3名にすぎなかった。この不評の「コロナ看板」設置についての事後報告はなかった。「文通費」を含む市議の政務活動費の使途公開についての報告もなかった。

「学校教育のあり方検討委員会」は市政側が指名した委員から成るお手盛りの委員会。この委員会を傍聴しているこの会派の女性市議は、「なくし方検討委員会です」と威勢よく非難したが、学校給食や「食育」の問題については無知。彼女は先の市議選で桜台地区を地盤に立候補し、最多得票で当選している。

私は学校給食のあり方に問題提起するパンフを配って説明を始めた。食物アレルギーと申請している児童生徒は全国に13万人。「自校方式」にしても様々の食物アレルギーに対応する給食の提供は無理。

だから、町田市の「弁当併用外注方式」を採用し、さらに給食を無償化し、弁当持参の子供たちには「弁当手当」を出せばいいのだ。

するとと、説明の途中で「時間オーバーです」と司会役の市議が言い出した。議題に無関係なことを勝手にしゃべりまくっていた高齢男性が有機米（注）の話しをして話しを逸らしにかかった。同席していた高齢女性も、「読めば分かる」と、私の説明を封じにかかった。「読めば分かる」なら、市議会報告の会派ビラを配るだけで済み、そもそも報告会など開く必要がないではないか。さらにこの女性は、私が食物アレルギーで美味《おい》しくて食べたい物でも食べられないことを問題にしているのに、「美味しい物は食べられます」とピンボケ発言。「こんな人たち」の本気度はゼロ。

報告会の終盤で、出席者が様々な苦情を言い出すと、この女性市議は、「我々市議は市民の苦情を取り次ぐだけで、改善するかどうかは行政次第」と逃げた。しかし、市民をリードして改善や改革に取り組むのが市議の仕事ではないか。

するとまた、その高齢女性が「市長への手紙」投書箱に投函して訴えれば、「回答が返って来ます」と助け船。しかし、誰の手紙にも同じ「逃げ」の遁辞の回答が返って来るし、再投書しても同じ回答が返って来る。

政治集会には大抵、主催者側の「回し者」が入り込む。この高齢女性もそんな一人なのだろう。主催者寄りの議事進行に一役買った。

有権者は議員を選ぶだけでなく彼らの政治活動を監視しなくてはならないが、「この市民にしてこの市議」。社会変革は覚束《おぼつか》ない。

（注）
有機米や有機野菜を学校給食の食材に取り入れる動きがある（二〇二二年一月二四日付『朝日』）。しかし、これは有機農業の推進になっても、食物アレルギー対策にはならない。

## ❻白井市議会とウクライナ危機

二二年二月二六日、ロシア軍がウクライナに侵攻を開始した。ウクライナからの国外への避難者は四月の時点で５００万人を超え、７００万人が国内で避難中である。日本にも政府専用機で20人、それまでにも自力で４００人余が日本に避難し、千葉県内にも計22人が避難して来ている。

白井市議会は三月一一日、国会と多くの自治体議会と歩調を合わせて、「ロシアによるウクライナ侵略を強く非難する決議」を全会一致で可決した。公明党会派もこの「市民の声」会派も、自分たちの手柄でもあるかのように喧伝した（同年三月）。だが、白井市議会には、ウクライナ難民を積極的に受け入れて、生活費や医療費を支給し、市内で就労支援する動きはない。千葉市や柏市などは積極的に受け入れ、住宅支援、就労支援、学習支援などを進めている。千葉市は「ウクライナ人道危機救護金」を募っている。

そもそも日本政府のウクライナ避難民受け入れは、「難民」ではなく「避難民」扱い。難民受け入れ拡大を視野に入れたものではない。「難民条約」に基づいて5年間の「定住者」資格が与えられ、「永住者」になる要件が緩和されるわけではない。世論や国際社会への貢献をアピールするための一時的なパフォーマンスにすぎない。

三月二三日のウクライナ大統領の国会演説を聞いて、自民党国会議員が1人1万円のウクライナ支援金を出すことにしたという。しかし、4千万円余の年収と月100万円の文通費があるのに、たったの1万円で、雀の涙金。少なくとも10万円、本気なら、100万円だって出せるはず。白井市の自民党市議も他会派の市議も、今のところ、一銭も拠出していない。議員は「身を切らない」。

日本共産党は「ロシアは侵略戦争やめよ」と題する『しんぶん赤旗』二二年春季号外号を配り、その中でロシア覇権主義即ちプーチンと日本共産党はイコールでないことを強調している。日本国民の多くが今でもソ連共産党イコール日本共産党と誤解しているからである。日本国民の対共産党認識は旧態依然だ。

## ❼議員を「先生」と呼ぶ勿れ

●『新明解国語辞典』には、「先生」は「もと、相手より先に勉学した人の意。指導者として自分が教えを受けた人」だが、「けいべつ・揶揄の意を含めて言われることが往往ある」とある。
「先生」は今や「蔑称」。若者は「先公」（teach）と罵って蔑視する。通説通念やご託宣を並べると、「よう、せんせい！」と揶揄する。

クラブのホステスは「わたしを奪った人の名は、せんせい、せんせい、それはせんせ〜い」と合唱しては、議員や作家を閉口させる（筒井康隆『現代語裏辞典』二〇一〇年188頁）。

学校では同僚同士が互いに「先生」と呼び合いプライドを保ち、世間からは白々しく「先生」と呼ばれている。児童生徒たちに向かって自分のことを「先生は…」と語りかける教員までいる。

私は、他人に白々しく「先生」呼ばわりされたくもないし、他人を軽々《けいけい》に「先生」と呼びたくもない。

日本語は職業を示す語尾が豊富だ。学者、研究員、警察官、掃除夫、看護婦、代議士、運転手などなどある。者や師や士が付く場合は専門的あるいは高度な技術といった意味合いが加わるようだ。

大学教授で言語学研究者である田中克彦は、「教員」と言うのでは校長の支配する学校の勤務者としか見えず、やはり「教師」と言ってほしい、と書いている（『ことばの差別』一九八〇年）。なるほど、教育委員会が発行するのは「教員免許」であり「教員採用試験」を実施する。

ただし、女性の教員が「女《じょ》教師」、体育の教員が「体育教師」と呼ばれることもある。女性が教員になるにはよほど専門性が要求され、体育の教員にはよほど高度な技術が必要らしい。

外国人に日本語を教える人は「日本語教員」ではなく、大抵「日本語教師」と言われ、そう自称する。日本語を外国人に教える場合には、専門的あるいは高度な技術が並みの教員より、よほど必要らしい。

大学教授の中には「大学教員」と謙遜自称する教授もいる。「先生」にしても「教師」にしても、教えを垂れるという意味合いがあるから、「先生」と呼ばれるのは面映ゆいし、「教師」と自称するのはおこがましいのだ。ましてや「恩師」とは呼びたくもないし、呼ばれたくもない。

職業名の語尾で気になるのは「者《しゃ》」と「家《か》」の区別。大学や研究機関に所属して給料を得ている人は「研究者」、それらに属さず市井で研究している無給の人は「研究家」。所属機関を辞めれば、「研究家」に「格下げ」になる。当初から市井の「研究家」である人はどんなに優れた研究をしていても、著作などを出版する機会にも恵まれない。

●小泉環境相は二〇一九年二月一六日の、全閣僚が出席すべき「新型ウイルス感染症対策本部会合」に欠席した。

地元・横須賀の後援会に出席したのではないか、と問われ、「おっしゃる通り」を連発。「自分の言葉で説明を」と求められ、「本多先生がお望みならば」と不遜に切り出し、「新年会でありまして、その場に酒も出ておりました」とやっと後援会の新年会出席を明言。質問に立った野党議員二人を、「先生」呼ばわりした。よく官僚は慇懃無礼に野党議員を「〇〇先生」と呼ぶ。

会合には八木哲也環境政務官を代理で出席させたので、「危機管理は万全」だと5分余の質疑の中で6回、繰り返し強弁、開き直った。

小泉環境相は謝罪要求を拒否した。「横須賀に戻った事実は誤ったところで変わらない」「反省し、大臣として職責を果たす形で反省を示したい」「反省していると言っても、反省しているようには見えないと指摘を頂いていることも反省している」（二月二〇日）と弁解するが、謝罪には応じなかった。まるで小生意気な高校生のような物言いだ。

今や、「先生」という呼称は敬称ではない。からかって「よう、センセイ！」と呼びかけるように、蔑称になっている。

大阪府議会の議会運営委員会は二〇二二年九月二八日、議員を「先生」と呼ばないことを決めた。森下寿『公務員の議会答弁術』（二〇一七年）は、本会議では「〇〇議員」、委員会では「〇〇委員」と呼ぶべきだと忠告する。議場では「〇〇先生」と呼ばない申し合わせをしている自治体もあるが、議員控室では互いに「先生」と呼び合い、議場外で「〇〇先生」と呼ばれる場合も少なくないという。蔑称ならともかく、「こんな人たち」を「先生」と呼ぶなかれ。

岸田首相は二二年六月九日、元国会議員で元東京都知事の石原慎太郎氏の「お別れの会」に参席し、石原氏を「先生」と呼んだ。保守本流の「宏池会」の長が反主流の元議員を「先生」と呼ぶのは奇異だ。

議員は、「先生」と呼べば呼ぶほど馬鹿になる生き物らしい。

私は彼らを「政治家（statesmen）」とも「先生」とも呼ばず、私利党利ばかりを求める「政治屋（politicians）」あるいは「政事業者（politicos）」と呼んでいる。

**【資料】1「議会だより編集会議」からの回答文（二〇二〇年一二月四日）**

白議第３７９号
令和２年１２月３日

佐々木　健悦　様

白井市議会議長　長谷川則夫
白井市議会だより
編集会議会長　影山　廣輔

議会だよりに対する問い合わせについて（回答）

日頃、市議会活動にご理解ご協力を賜り厚く御礼申し上げます。

令和２年１１月２０日付けで提出のありましたお問い合わせについては、下記のとおり回答いたします。

記

１　討論に関して発言した議員の氏名を載せることについて
議案等の審議経過については、ポイントとなる議案に係る委員会の審査内容を掲載しております。紙面及び編集の都合上、すべての議案の審議経過を載せられないことから、議員間の公平性を考慮し、討論には氏名を載せないこととしております。

なお、賛否については、ホームページの委員会記録より、議事録を掲載しておりますので、ご活用ください。

ご指摘の発言した議員の氏名を記載することについては、今後検討させていただきます。

２　古澤議員への質問及び３　中川議員への質問について
一般質問へのお問い合わせは、直接議員が対応することとなっておりますが、今回は両議員の回答をとりまとめて添付いたします。

なお、「皆様から寄せられたご意見にも、紙面でお応えしていきます」との記載については、個々の議員に対する質問の回答を紙面に掲載する意図ではなく、「皆様からいただいたご意見は、より良い紙面作りに反映させていきます」という意図です。

表記に誤りがあったことをお詫び申し上げます。

## 2 「市長への手紙」に対する回答（二〇二一年一月七日）

白秘第１６１号
令和３年１月６日

佐々木　健悦　様

白井市長　笠井　喜久雄

市長への手紙について（回答）

市長への手紙をいただきありがとうございます。

また、日頃より市政への御理解、御協力を賜りありがとうございます。

お寄せいただきました市長への手紙についてお答えします。

市では、国の交付金を活用して新型コロナウイルス感染症への対応を図るため、電話やメール等による市民からの要望、議員からの提案、関係機関との意見交換など、様々な手段を講じて必要な施策を検討し、感染症の動向に応じて、適時に必要な施策を展開しているところです。

これまで、市民が安心して暮らすことができるよう、感染症の拡大により大きな影響を受けた市民生活と地域経済を回復することを重視し、子育て世帯をはじめとした市民生活の支援や中小企業等の事業活動の支援に取り組んできました。

さらに、感染症の長期化を見据え、衛生資材の確保、避難所や公共施設等における感染症対策、市独自のＰＣＲ検査の実施など、感染症対策を進めてきました。

今後は、新型コロナウイルスとの共存に向けて、感染症対策の強化に加えて、社会生活と経済活動を両立させるための「新しい生活様式」の実践を推進していくことが重要であると考えており、この視点を重視した補正予算案を編成し、令和２年第４回市議会定例会において可決されたところです。

このたび、補正予算のうち公園の看板設置に関する御意見をいただきましたが、コロナ禍において、心身の健康を保つためには、体を動かすことや屋外でのリフレッシュも必要であり、公園は三密を避けることができる貴重な場となっております。

このことから、「新しい生活様式」における公園利用のルールやマナーについて、イラストなどを用いて分かりやすく表示した看板を設置し、周知・啓発することにより、子どもから高齢者、障がい者など、様々な人が安全に安心して公園を利用できる環境を整えてまいりたいと考えております。

今後も、感染症の状況を注視しつつ、国や県の動向、市の財政面への影響などを踏まえて必要な対応を図ってまいりますので、御理解くださるようお願い申し上げます。

（関係課：企画政策課）

3 「コロナ看板」実施計画書

急施・重要
文書付せん

起案用紙

| | | | | | |
|---|---|---|---|---|---|
| 所属 | 財政課 | 特殊取扱 | 公開・非公開の区分 | | |
| 収受 | 年　月　日 | 公印省略、事前押印<br>公印刷込み、書留<br>簡易書留、配達証明<br>内容証明、速達<br>（　　　） | 公開・全部非<br>部分非・時限非<br>（　月　日解除） | （非公開部分） | |
| 起案 | 2 年 12 月 15 日 | | | | |
| 決裁 | 2 年 12 月 16 日 | | 非公開理由 | 7　号該当 | |
| 施行 | 2 年 12 月 18 日 | 第1ガイド | 16 入札契約 | | |
| 文書主任 | 公印使用 | 第2ガイド | 05 工事 | | |
| | | 第3ガイド | 04 1、2、3月 | | |
| | | フォルダー | 令和2年度工事 | | |
| | | 保存期間 | 10 | 記号番号 | 白　第　号<br>白井市　第　号 |
| 起案者職氏名 | 主事補　浅見　駿太 | 電話 | 3332 | | |
| あて | | 発 | 白井市長　笠井　喜久雄 | | |
| 件名 | 一般競争入札（事後審査型）の公告について<br>（公園案内板（新しい生活様式啓発）設置工事） | | | | |

決裁

| | 課長 | 主幹・副主幹 | 主査・主査補 | 班員 |
|---|---|---|---|---|
| | | | | |
| 都市計画課 | 課長 | 主幹・副主幹 | 主査・主査補 | 班員 |

伺い

このことについて、別添案のとおり公告してよろしいか伺います。

記

1　案件名　公園案内板（新しい生活様式啓発）設置工事
2　入札参加条件　別添「一般競争入札参加資格要件等設定資料」のとおり
3　公告日　令和2年12月18日
4　公告方法　市の掲示場に掲示、市のHP、ちば電子調達システム（PPI）
　　及び建設関係新聞への掲載、しろいメール配信サービス

白井市

1100mm×1100mm レイアウト（案）
公園利用について
ルールやマナーを守りましょう。
フンは持ち帰って！
ゴルフ禁止
ドローン禁止
「新しい生活様式」を心がけましょう。
2m
心と体の健康を保つため、体を動かしたり、屋外でリフレッシュしましょう。
白井市

## 5 市民向け報告ビラ（二〇二一年三月二〇日）

**公園看板事業の中止と緊急の新型コロナ支援を求める白井市民有志の会**

# コロナ公園看板いらない！

## 市長、交付金は困っている人に使ってください

**頑丈な看板まで多額の費用で撤去・処分する必要なし！**

昨年12月の白井市議会で、地方創生臨時交付金(コロナ交付金)約3000万円をあて、市内39か所の公園の利用方法に「新しい生活様式」などを書き加える看板設置の予算が可決されました。

私たち市民は、「今は公園の看板よりも行うべき支援がある」と、市民有志の会を作り、看板事業を中止し、医療などの緊急支援にあてるよう求める署名を始めました。連日、有志の会市民のポストに署名が届き、看板への怒りや反対運動への激励の電話を多数いただきました。ご協力どうもありがとうございます。署名活動の報告と現状をお知らせします。

コロナの注意喚起は、公園の木に貼ってある物で十分！

### コロナ看板問題の経緯

**2020／10／21**
行政経営戦略会議で、市長他がコロナ看板事業実施を決定

**12／16** 議会での可決前に、市は看板事業の入札公告を決裁

**12／18** 議会最終日、公園看板を含む補正予算が提出され可決
看板予算を削除する修正案は3対17で否決
補正予算全体2対18で可決

**2021／1／14** 看板反対署名スタート
**1／21** 6日間で集まった1959名分の署名を市長に提出
**1／22** 新聞4紙(朝日、読売、東京、千葉日報)に掲載
**1／26** フジテレビ「イット」で放送
**1／27** 日本テレビ「スッキリ」、フジテレビ「とくダネ！」で放送
**1／28** 市長に、撤去不要な看板は修繕などで済ませ、せめて経費を削減するよう求める要望書を提出

**2／3** TBS「グッとラック」で放送。
市長は「内容が偏るから」と取材を拒否し、市のホームページで「看板はコロナとの共存に必要」と発表。田村淳さんのYoutube「NewsLabo」で取り上げられる。
**2／5** 市長に署名(2度目)と要望書(3度目)を提出
**2／8** 白井市、公園看板事業を行う業者と契約

その後、市が当然行うはずの現地調査の記録が存在しないことが判明。市は、業者が現地を調査中のため要望書への回答は2月末になると回答。市長との面談要請には、議会中で難しいとの回答がある。
**2／10** しんぶん赤旗に掲載

**2／18** 議員の一般質問に対し、市長は看板の必要性への理解を求める一方で、自宅療養者支援は県の仕事だとして行わない姿勢を示す。

市長に署名を提出(1／21)。2／22の賛同者数は **2500名** 以上

**「不要不急の看板設置？」**

全国のコロナ交付金問題の中でも、市民が行動を起こした例として、新聞5紙、テレビ局3社が白井の看板問題を取り上げ、注目されています。

第1号様式その1（第4条第4項関係）

令和　2　年　10　月　21　日

付議書（行政経営戦略会議）

部課名 企画財政部　企画政策課

| | | |
|---|---|---|
| 件　　名 | 「新しい生活様式」の実現に向けて新型コロナウイルス感染症対応地方創生臨時交付金を活用する事業について | |
| 現状・課題 | 市では、これまで、新型コロナウイルス感染症対応地方創生臨時交付金（以下、「交付金」という）を活用し、感染拡大防止に係る事業や、感染拡大の影響により経済的負担が増加している市民等への支援に係る事業を中心に実施してきた。<br>今後は、Withコロナ下における「新しい生活様式」を踏まえ、社会環境の変化に対応した事業を実施する必要がある。 | |
| 付議事案 | 目的 | 交付金を活用し、「新しい生活様式」を踏まえた社会的な環境の整備や、新たな暮らしのスタイルの確立を促進する。 |
| | 対応方策 | 以下の施策を実施する。（カッコ内は令和2年度概算事業費）<br>①インターネット環境整備（1,419万7千円）<br>②テレワーク環境整備（649万5千円）<br>③その他（3,264万6千円） |
| 論点（決定を要する事項） | 交付金を活用して行う事業について | |
| 部内会議や関係課等との調整結果（主な意見・懸案事項） | Web会議については、関係課（総務課、高齢者福祉課、教育支援課、生涯学習課、公民センター）合同によりヒアリングを実施し、総務課において内容や必要性を整理した。 | |

スケジュール

R2年11月
令和2年第4回市議会定例会に補正予算案提出
補正予算議決後、順次事業に着手

| 項目 | 有無 | 方法（時期） | 項目 | 有無 | 方法（時期） |
|---|---|---|---|---|---|
| 条例規則 | 無 | | 報道発表 | 有 | プレスリリース（R2年12月） |
| 議会説明 | 有 | 議員全員協議会（R2年12月） | 広報・HP等 | 有 | 広報・HP（各事業による） |
| 市民参加 | 無 | | | | |
| 付議書公表 | □ 公開 □ 非公開 □ 部分非 ■ 時限非（　議員全員協議会 まで） | | | | |

参考情報

| | | | | | | | |
|---|---|---|---|---|---|---|---|
| 関係法令等 | | | | | | | |
| 関係課 | 総務課、危機管理課、財政課、市民活動支援課、高齢者福祉課、都市計画課、教育支援課、生涯学習課 | | | | | | |
| 事業費（令和2年度概算） | 53,338 千円（うち特定財源　53,338 千円） | | | | | | |
| カテゴリー | 年代 | 全ての年代 | 場所 | 市内全域 | 目的 | その他 | 手段 その他 |

1

第３号様式（第６条第１項関係）

| 市長 | 副市長 | 部長 | 課長 | 主幹・副主幹 | 主査・主査補 | 班員 |
|---|---|---|---|---|---|---|
| | | | | | | |
| 付議・報告部課 | | | | | | |

令和２年１０月２１日

会議結果報告書（行政経営戦略会議）

1　日時及び場所

令和2年10月21日（水）午前9時30分～　本庁舎4階大委員会室

2　出席者

| | |
|---|---|
| 企画政策課 | 永井課長、冨田主査 |
| 総務課 | 川村課長、宇藤主査補 |
| 都市計画課 | 東山課長、鵜野主査 |
| 財政課 | 髙山課長 |
| 高齢者福祉課 | 篠田課長、加藤主任保健師 |
| 市民活動支援課 | 松岡課長、中原主査補 |

3　件名

「新しい生活様式」の実現に向けて新型コロナウイルス感染症対応地方創生臨時交付金を活用する事業について

4　会議結果

■ 案のとおり決定する。
□ 一部修正の上、決定する。
□ 継続して検討する。
□ 案を否決する。
□ 報告を了承する。

5　会議内容

【主な質疑】
①インターネット環境整備について
・内部の会議についても、会議室に集合するのではなく、自席でＷｅｂにより行うことは可能か。
→会議室に設置したアンテナからの電波は全職員の自席には届かないと見込まれるが、テレワーク用のパソコンとモバイルＷｉ－Ｆｉを使用すれば可能性はあると考えられる。
・会議用Ｗｉ－Ｆｉのアンテナの設置個所について、災害対応なども想定し、不足がないか再度精査をしてはどうか。

②テレワーク環境整備について
・ライセンス数は30だが、使用する課を途中で変更することは可能か。
→使用する課及び職員の登録の変更が可能である。
・モバイルＷｉ－Ｆｉのランニングコストについて、学校がテレワークで採用するプランには使用した日数だけ通信費が発生するものがあり、運用によっては安価となる可能性があるので検討してはどうか。
→具体的に運用を想定し、コストを比較検討する。

・部内会議や関係課との調整結果において、「労務管理、人事評価も調整しておく必要がある」とあるが、何を調整するのか。
→通勤手当のほか、テレワークで行う業務内容や評価の仕方等も含め、環境の変化に対応するための調整が必要と考えている。

③その他について
・公園案内板には、どのような記載がされるのか。
→３密防止、手洗い等新型コロナウイルス感染症に配慮した利用方法に加えて、健康づくりを促すため市の体操を紹介するＱＲコードの掲載などを健康課と調整している。
・Zoom体験研修会の1回10万円の開催費用には何が含まれているか。
→講師の手配のほか、パソコン10台の準備や設置、撤収など研修会を開催するための経費一式が含まれている。
・ Zoom体験研修会場はどこを想定しているか。
→多くの団体が参加できるよう市役所内の多目的スペースや各センターを想定している。

【結論】
・事業の内容については、付議のとおりとする。
・インターネット環境整備について、災害時等の様々な状況を想定してアンテナの設置場所や必要数を整理すること。
・テレワーク環境整備について、モバイルＷｉ－Ｆｉの契約などは、庁内で実績のある課等と情報を共有して適切な方法を選択すること。

備考　会議内容を簡潔に記載すること。

7　「市民有志の会」最終ビラ（二〇二一年八月）

公園看板事業の中止と
緊急の新型コロナ支援を求める
白井市民有志の会

**調査もせずコロナ交付金をムダづかい**

# どうなった？コロナ公園看板

**大看板１基↓の建替えに 78 万円！**

**39 の看板に交付金 2530 万円！**

**変異株蔓延《まんえん》で医療危機の今、必要性の有無が改めて問われるコロナ公園看板**

昨年 12 月、白井市が議会に提案した 3000 万円を超す看板予算は、検査拡充などに使うべきとして 3 名の議員が看板予算の削除を求めましたが、賛成多数で採択され、工事は強行されてしまいました。工事の落札価格は 2530 万円で、大型看板 1 基の建替えに 78 万円（1 基平均 65 万円）もの税金（新型コロナ対応地方創生臨時交付金）が投入されました。

けれど、白井市民の署名運動は全国で報道され、PCR 検査の拡充など、私たちが市に要望した対策の一部実現につながりました。市政の問題と反対運動の成果をお知らせします。

## 署名 2761 筆を市長に提出

私たち市民有志の会が始めた「コロナ看板事業の中止と、その分を緊急性のあるコロナ対策に使うよう求める署名」は、短期間に多くの方に賛同・応援していただき、計 2761筆を市長に渡しました。白井市民の署名運動は、

新聞4社、テレビ番組で5回報道されるなど全国的にも注目を集め、テレビ出演者は皆、白井のコロナ看板への疑問を述べていました。

## 市長、疑問の声に耳貸さず

市長は、反対署名や、コロナ看板に関する疑問・要望に対して、他の事業の良さを主張して批判をかわし続け、民営テレビの取材は「偏っている」と決めつけて拒否。「看板はコロナとの共存に将来にわたって必要」「看板に賛成する人もいる」として、問題の多い看板事業については反省の姿勢を見せていません。

## 最初から最後まで問題＆謎だらけ

・看板の感染抑制効果に疑問。他に緊急でやるべき対策があった
・事前の現地調査もせずに、誰がどう積算・予算化したのか？
・39 の看板設置に予算 3000 万円は高すぎる！
・なぜ市長は、市規定の積算資料等も一切無く事業を決定した？
・“議会で可決する前に” 看板事業の入札公告を決裁してしまった
・市は昨年、363 万円で業者に「公園施設の安全点検」を委託。撤去や建替えは不要と報告を受けたのに、なぜ急に建替え？
・大看板 6 基の劣化調査結果でも、緊急で建替えが必要な危険な物はなく、修繕で経費削減ができたはずなのに、全てを建替えた
・コロナ収束後は、コロナの注意書きを消す追加の予算が必要

現地調査も行わずに
看板を建てた結果…

肝心の感染対策を書いた
部分がガードレールで隠
れて見えない看板が…！

## コロナ看板に賛成した議員の反応は？

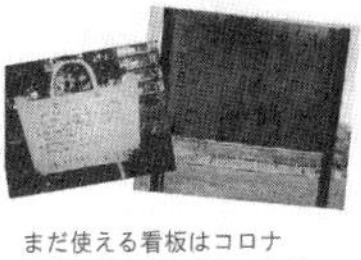

まだ使える看板はコロナ看板に建替えたのに、サビや字が消えて読めない看板は、なぜそのまま！？

・コロナ交付金は PCR 検査に使える（内閣府回答）のに、ある会派の議員達が、「交付金は PCR 検査に使えない」とのウソや「コロナ看板への市民の問い合わせが市の業務を滞らせた」という内容のチラシ配り、訂正や謝罪も行わず
・ある議員は「老朽化した看板があるため建て替えは必要」とのチラシを配布
・議長が「コロナ看板について議会に寄せられた市民の声をまとめた資料」を参考のため議員に配布したところ、複数の議員がなぜか激怒し抗議
・ごく少数ですが、市民の「看板より他のコロナ対策を」という声を受けとめ、もっと慎重に判断するべきだったと言う議員も

# テレビ出演者からもコロナ看板に疑問の声

**加藤浩次さん**
**（スッキリ！司会者）**
なんじゃこりゃ!市民の声や気持ちを大事にしないと駄目だね。

**西村博之さん**
**（実業家）**
コロナ対策は、来年再来年状況が変わる。長期にわたって作るものではないと思う。1 枚 75 万円は高いと思う、中古の軽自動車を買うくらいの値段。看板 1 枚と軽自動車が

**田村淳さん**
**（ロンドンブーツ 1 号 2 号）**
どこの自治体も同じことを言う。「ほぼこっちで税金を使っているからこっちのほうは、見逃してよ。」と言って論点をずらしてくる。 もともと、税金です。100%みんなが納得するように使ってよ。

白井の交付金問題を語る淳さんの Youtube チャンネル→

**小倉智昭さん**
**（とくダネ！司会者）**
看板に3000万円もかけるなら、困窮者に食事などの支援にならないものなのか？古市憲寿（のりとし）：看板は最悪！そもそも看板は公園に必要か。

**星野真理さん**
**（女優）**
リフレッシュする公園は大切だと思う、大切な公園に工事の業が者はいるのはどうかな、今じゃないでしょう。注意喚起するならもっとほかの方法があると思う。

**立川志らくさん**
**（グッとラック！司会者）**
カメラを逃げちゃいけない、出てきて言うべきことは言う、もし間違えていたら反省する。政治家は逃げちゃいけない。看板は、もっと商店街など人が集まるところにどんどん作るべき。

**トラウデン直美さん**
**（タレント）**
良かれと思ったことだろうけど、市民一般の意見は、今すぐでないでしょうという声が多かった。市民の皆さんの納得のいくものでない。

**高橋知典さん**
**（弁護士）**
がっちりした看板を作ろうとしているのだろうが、コロコロ変わるコロナ禍の状況の中で、恒久設置の看板はいかがなものか。

**井上裕介さん**
**（NON STYLE）**
この紙（紙の看板）でいい。こんなにかける必要はない。

**古市憲寿（のりとし）**
**（社会学者）**
看板は最悪！そもそも看板は公園に必要か。

## 看護師が伝授！手指消毒のポイント

手のひらや手の甲以上にウイルスがつきやすく残りやすいのは爪や指先、指の股です。

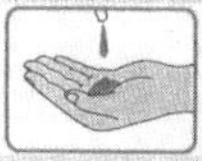

1、消毒液を、手の平にたまるくらい取る。

2、ためた消毒液に指先をひたして洗うようにし、反対の手も同様に。

3、指を交差させ、指の股にも消毒液をつける。

## カンパのお願い

この運動は、賛同者のカンパで行っています。カンパは主に、署名用紙とチラシの印刷にあてています。ご協力いただける方は、下記の口座まで振込みをよろしくお願い致します。個人情報は、お礼の連絡以外には使用しません。
【ゆうちょ銀行】 記号:10590 番号:7538311 口座名義:津村利子
【他の金融機関】 店名:〇五八(ゼロゴハチ) 店番:058 種目:普通預金 口座番号:7573831 口座名義:津村利子

【発行】 公園看板事業の中止と緊急の新型コロナ支援を求める白井市民有志の会 2021 年 2 月
【共同代表】 藤森義韶 047-491-9379／津村利子 047-402-4365／大石美夜子 047-491-5335

**看板反対の署名は、現在も行っています。用紙が必要な方は上の共同代表までご連絡下さい。**

# 第二部

## 地方から国政も変える

二〇二二年一〇月～二四年八月

# 第七話　地方から国政も変える

地方自治体は中央政府の下請け機関ではない。地方から国政も変えることができるのだ。

## ◎国政の流れ

悪い奴らはザル法を定め、法律の弱点を突いて横行跋扈《ばっこ》している。

### ◆時代はマインド・コントロール

・今年に限らずここ一〇年のカタカナ語は「マインド・コントロール」。岸田政権は安倍晋三の残した「負の遺産」を活用し、原点原理原則や正当性を無視し捻《ね》じ曲げて政策を推し進める。岸田首相は「暴力に屈せず、民主主義を断固として守り抜く決意を示す」と言うが、安倍銃撃犯は暴力を用いて「私怨」を果たそうとしただけであって、民主主義への挑戦ではない。民主主義を守り抜くならば、国民を分断し、「国葬」という政権の評価を国民に押し付け、ほぼ半数の国民の反対を無視することこそ、民主主義の破壊ではないか。民主主義をなし崩しにしたのは、安倍晋三である。

議員が「統一教会」の行事に出席したりビデオメッセージを送るのは、その教義を理解し信じたからではなく、強力な選挙支援を受け、当選したいがためである。日本社会を浸食している悪徳擬似宗教集団と「濃厚接触」するのは「政治倫理綱領」に違背する。

　安倍首相に限らず多くの議員が「統一教会」の集会に参加したりメッセージや祝辞を送って「お墨付き」を与え、この悪徳教団の社会浸食に加担し、選挙のたびに組織的支援を受ける一方で、国民を霊感商法の犠牲にしてきた。なのに岸田政権は「国葬儀」という新語を捏《ねつ》造し、安倍「国葬」を強行した。さらに彼らの加担責任を有耶無耶《うやむや》にし、「救済新法」をデッチ上げ、「濃厚接触」した議員らを「救済」した。

・マインド・コントロールする側はマインド・コントロールされる側に気づかれずにマインド・コントロールできる（岡田尊司『マインド・コントロール』二〇一二年）から、始末が悪い。

「なぜウクライナが侵略されたか」。防衛相は、ウクライナが十分な防衛力を持たず同盟国の「核の傘」を持っていなかったからだと言う。そして「世界は自ら助くる者を助くだ」と、世論をマインド・コントロールし、防衛力増強に誘導する。

### ◆「敵基地攻撃能力」

「敵基地攻撃能力」は、相手の弾が一発も届かないうちに敵対国にミサイルを撃ち込める装備だ。宣戦布告せず先制攻撃しては国際法違反だし、「専守防衛」にはならない。「敵基地攻撃能力」の具備は「ミサイル早撃ち競争」（国際政治学者の遠藤誠治）だ。

　敵が攻撃に「着手」したと、どの時点で何をもって判断するのか。「反撃能力」を装備した基地は、敵の先制攻撃を誘発し真っ先に敵のミサイル攻撃を受ける。その基地の部隊員は敵のミサイルが届く前に地下室に潜ればいいが、周辺住民には逃げ場がない。

特定地域の家屋は「土地利用規制法」の施行により政府の監視下に置かれている。鎌ヶ谷市の海上自衛隊下総基地に隣接する白井市西部の大松1丁目・西白井全域の1～4丁目・大山口1～2丁目・根、富塚、折立の一部が区域指定されている。これらの地域住民は有事の際、特別の保護下に置かれるのか。

『朝日』の二二年一二月一七、一八日の全国世論調査では「敵基地攻撃能力」の保有については56％が賛成し、防衛力強化に6割が賛成している。これは、ウクライナ危機と台湾有事を口実にする岸田政権のマインド・コントロールの成果である。

防衛費節約名目で最新型トマホーク計400発のうち従来型のトマホーク200発を1年間前倒しで調達するという。この導入は「敵基地攻撃能力」を早期に保有するための姑息《こそく》な手段である。

『朝日』の二三年二月一八、一九日の全国世論調査では原発の再稼働にも稼働延長にも新増設にも「賛成」が51％、「反対」が42％で震災後初めて逆転した。これは安全性確保と助成金でマインド・コントロールした成果。いずれ原発事故が再発する。

一五年戦争中も、国民は国策に翻弄された。「入植地を確保した」「治安は万全」「助成金や手当で優遇する」という、政府のマインド・コントロールに掛かって満蒙に開拓移民し棄てられ、惨劇に遭った。

アベノミクスは破綻し、安倍氏の推進強行した東京五輪の汚職と談合が次々に発覚している。これらもマインド・コントロールで糊塗《こと》できるか。それでも岸田内閣を支持する有権者が一定数、つまり23％も居ることに呆《あき》れる。

## ◆「汚染水」の海洋放出と「一定の理解」

東京電力福島第一原発の汚染水の海洋放出が始まった。国際原子力機関（ＩＡＥＡ）から「国際的な安全基準に合致する」との「お墨付き」をもらっての強行である。

しかし、ＩＡＥＡは日本政府と東京電力が提出した資料《データ》に基づいて点検しただけで、日本政府の決定を追認したに過ぎない。トリチウムは１２年経てば半減すると言うが、アルプス処理水にはトリチウム以外の60種類以上の排出濃度基準を超える放射性物質が含まれている。放射性物質は水で薄めても、絶対量は変わらず、海洋放出ごとに増え続ける。

海洋放出以外に「モルタル固化」や「大型タンク保管」などの選択肢があるのに、経費が他案の１０分の1に当たる34億円で済むという杜撰《ずさん》な試算に基づいて、海洋放出を選び、安全安心を度外視した。約7年で放出は終わると言うが、実際には50年以上続くだろう。

岸田首相は「一定の理解は着実に広がっている」と言うが、「安全」と「安心」は違う。

政府と東電は二〇一五年に「関係者の理解なしには処理水を処分しない」と約束した。岸田首相らは漁業関係者から「一定の理解を得た」と「政治判断」したが、漁業関係者は納得していない。

政官人は「故障」を「不具合」、「延期」を「準備期間の追加」、「汚染水」を「処理水」と言い換え、「ある程度評価する」を「一定評価する」と言う。

しかし、「一定の理解」と言うからには、一定量の不可解と一定数の反対が存在し、「国民の総意」

ではない。「聴く力」の首相は反対意見には耳を貸さず、「一定の理解」で政策を進める。

水で薄めても一定量の汚染物質は残る。一定処理した汚染水を、今年度は一定量つまりタンク30基分に当たる計3万1200トン、海洋放出し、海洋を一定量汚染する。その処理水が安全安心だと言うなら、海洋放出などせず、生活用水に使えばいいではないか。

「アルプス処理水」の海洋放出は「国連海洋法条約」に違反する。原発再稼働という肝腎な問題から国民の目を逸らそうとする日本政府のマインド・コントロールに乗ってはならない。

## ◆機能不全の監視機関

●モンテスキューは『法の精神』(一七四八年)第一部第二編で政体には、「共和政体」「君主政体」「専制政体」の三種類があると言う。
「共和政体」は人民の全体が、あるいは人民の一部が統治し、「君主政体」は君主が一人で統治するが、両政体とも「確固たる制定された法律」に基づいて統治する。これに対して「専制政体」においては、「ただ一人が、法律も規則もなく、万事を彼の意思と気紛れとによって引きずって行く」。

これまで私は、日本の政治は国民の中の一部の特権的な階層によって統治されていると思っていたが、安倍政権時代は、ただ一人の権力者が法律も規則も無視して、万事を彼の意思と気紛れによって統治しているのではないか、と感じた。ただ一人の権力者と言っても、彼は神輿として担がれ、「お上」にされたに過ぎず、神輿を担いでいる連中こそ陰の権力者で「お上」である。日本人の「お上」

に恐縮する社会通念こそ民主主義を形骸化させる元凶ではないか。

さらに、モンテスキューも言うように、為政者を投票によって選ぶ時、投票者はある意味で「君主」だが、投票が「誰によって、誰に対して、何に基づいて行われるべきか」が重要となる。

『法の精神』に一貫するのは、人間の性質が許容する法律を完成させ、権力分立をさせること。自由主義者のモンテスキューは専制政体を嫌ったが、革命的な共和主義者ではなく、むしろ君主政における貴族の役割を重視し、共和政体を動かすバネは「政治的な徳（vertu）」だと言う。彼は「政治的な徳」とは「祖国への愛、すなわち、平等への愛」だとも言うし「自発的に私利よりも公益を優先させようとする」意思とも言うが、私は「政治的知見」と解している。

権力は立法・行政・司法の三つに分割し、それぞれ別々の機関が担当すべきとされている。立法権と行政権とが結び付けば、恣意的に法律を作った者が恣意的に法律を執行し、同一人あるいは同一団体が司法権と行政権とを握ったら、恣意的に強権を執行し法律は空文化するからだ。

モンテスキューの権力分立論は、権力を三つに分権するだけに止《とど》まらない。

司法権については独立した常置の機関を置かず、その都度、無作為に選ばれた陪審員が行なう（陪審制）。

立法権は最高の権力になり得る。立法権と行政権を、立法府と行政府にそれぞれ専属させれば、行政権は立法権に服従することになる。行政府や司法府より優位に立つ立法府には様々の勢力が関与すべきだ。

だから、立法については、悪法であれば行政府の長に拒否する権利を与えて立法に参与させる（立法拒否権)。一八世紀前半の英国ならば、立法府は国王と貴族院と庶民院で構成されていた。

三権の府以外に独立のチェック機関を設ける必要がある。

日本ならば、先ず官僚機構の中立。内閣人事局が審議官以上の省庁幹部600人の人事権を握ってはならない。最高裁判事の人事権を内閣が握ってはならない。違憲立法は違憲立法審査会がチェックし、内閣法制局が閣議に付される法律案、政令案、条約案を審査する。

検察庁の仕事を、検察審査会がチェックする。二〇一九年の参院選広島選挙区で河井克行・安里夫妻から現金を受け取った地元議員を、東京・広島両地検は二〇二〇年七月、不起訴とした。これに対し、検察審査会が「起訴相当」と議決したのを受けて検察当局は二二年三月、地元議員ら34人を、公職選挙法違反で起訴した。

監視されない権力は堕落する。モンテスキューは権力の集中を避けるために、三権の分立を唱え、さらにその三権を監視する機関を設ける必要も説いた。

今の日本は三権分立とは言いながら行政府が突出して、司法府を従え、立法府を「翼賛国会」化し、「大勢順応」が嵩じて、日本人は「体制翼賛」に奔っている。総じて日本の公的機関とメディアは体制を翼賛し、日本は体制翼賛社会化している。今、「〇〇する力」と題する読み物が出回っているが、今の日本で最も必要とされるのは、「お上」に異議申し立てする力、「体制」に抗する力かもしれない。
●いったん一部の有権者の支持を得て当選し権力行使に正当性が与えられると、その一部の有権者の利害を代弁し私利だけを追求する政治屋あるいは政事業者に堕す。

一部の有権者の利害を代弁するにしても、公明正大なステーツマンシップを持ち合わせた政治家（statesman）であれば有権者全体の共通の利害を公正に調整しなくてはならない。

一部の住民による住民運動も、一部の住民の利害のために他の住民に同調を求める運動である。

白井市の「コロナ看板」設置反対の住民運動は、「コロナ看板」設置をめぐって「コロナ看板」賛成派市議らに翻意を求め設置を全面撤回するよう「同調圧力」をかけ、全面撤回させる運動だった。

同調圧力をかけない政治運動はない。市民たちが再考を促しても応じない市議らは、古代アテネの陶片追放《オストラキスモス》（ostracism）にならって「排除」「排斥」するしかない。

●古代アテネには、公職者弾劾制度があった。僭主（tyrant）の出現を防ぐため、市民が僭主になる惧《おそ》れのある人物の名前を陶片に書いて６０００票に達すると、その人物は一〇年間、国外に追放された。公職者を裁く弾劾裁判も定期的に開かれ、罷免のみならず、処刑も行われた。それほどまでにアテネ市民は僭主の出現を怖れたのである。

「要するにアテネ民主政は、永続的に支配者の座に就く個人の存在を許さず、たまたま権力を委ねられている人物も、その行使に際しては責任を厳密に追及されねばならぬという、単純だが明快な原理によって成り立っていた」（橋場弦《ゆづる》『民主主義の源流　古代アテネの実験』二〇一六年）。

アテネでは役人は抽選で選ばれたが、民衆裁判所で面接試問による「資格審査《ドキマシア》」を受けなければならなかった。そして政治家も役人も、定期的にあるいは不祥事があれば「弾劾裁判《エイサンゲリア》」にかけられ、罷免のみならず処刑にも遭った。

トランプ前米国大統領は二度、弾劾裁判にかけられ評決の結果、無罪になったが、刑事責任が問われる可能性を残している。バイデン大統領は「この悲しい歴史の章は、民主主義が壊れやすいということを我々に喚起した」と語った。

●有権者は、いったん権力行使を依頼した議員団に対して異議申し立てができるから、彼らの言動の監視を怠ってはならない。いったん当選しても、その後、市民の声を無視し、議員として不適任と見なされても、翻意しない議員らを公職から追放する「リコール」の住民運動を、有権者は展開できる。

しかし、大々的な不正も行われる。愛知県の大村秀章知事に対するリコール（解職請求）に集めた約43万筆のうち、8割以上は偽造されたものだった。

白井市では、リコール運動を起こした例は無い。「コロナ看板」設置に賛成した市議が21人中19人もいる。彼らを全員、リコールしたいところだが、リコールされるはずもないし、市議会を解散、再選挙に持ち込んでも、彼らのほとんどが再選されるだろう。

公職選挙法違反で罰金刑が確定すると、公民権も原則5年間停止になる。菅原一秀衆院議員が二〇二一年六月一日、選挙区内での違法寄付問題の責任を取り、議員辞職を表明した。辞職を表明し「情状」に訴えれば、公民権停止の期間を短くし、早めに再出馬できるからである。菅原氏の地元では惜しむ声が出ている（同年六月二日付『朝日』）。地方での選挙不正ならば、なおさら情状酌量の声が多かろう。河井夫妻から現金を受け取ったとして公職選挙法違反の疑いで市民団体から告発された地元議員ら１００人について、東京地検特捜部は二〇二一年七月六日、全員を不起訴と発表した。

二〇一九年七月の参院選広島選挙区での大規模買収事件で、現金を渡した側は有罪となったが、もらった側は刑事責任を問われず、東京地検は不起訴にした。

検察審査会は二二年一月、35人を「起訴相当」、46人を「不起訴不当」として再捜査を求める議決を出した。

13人が受け取っていた広島県議会は二一年、政治倫理委員会を開いたが、簡単な釈明を聞いただけで一律の文書警告に止《とど》めた。広島市議会も13人に説明を求めたのみで、一部議員への辞職勧告決議案は否決した。事件を招いた自民党も、河井氏側に渡した1億5千万円の使途の詳細を明らかにしていない。

検察審査会の議決を受けて東京・広島の両地検は二二年三月一四日、現金を受け取った100人のうち地元議員ら34人を公職選挙法違反で起訴したと発表した。

「桜を見る会」の夕食会費用補填問題で安倍元首相は再び不起訴になった。「文通費」の見直しや使途公開の問題は先送りされた。議会や政党の自浄作用には期待できない。

民主主義社会における「公衆」の民度が問題になる。有権者は「覚醒」し、本物の政治家を選ばなければならない。選んだら、彼らの議員活動を監視しなくてはならない。

●政治体制が専制や独裁制でなく民主制下の社会であれ、説得に応じなければ、「同調圧力」がかかり、最終的には、排除排斥される羽目になる。

「話せば分かる」と言われるが、分かろうとしない輩が多すぎる。私も「市民有志の会」の会合で再三、発言する機会を奪われ、説得の機会を失った。

「コロナ看板」設置阻止運動を例に挙げれば、「コロナ看板」設置賛成派の市議らは自分の支持者からも設置反対の声が挙がっているにもかかわらず、そんな声は挙がっていないと否定し、翻意しなかった。

自浄能力も無ければ、残る手立ては「排除」。説明責任を果たしていない市議らは次期選挙で排除するしかない。

●今の日本は、タテマエでは三権が分立しているものの、立法機関である国会で多数を占める勢力に指名された内閣に権力が集中している。しかも、それを監視する機関も、その監視機能を果たしていない。それを監視する委員は監視される側が選ぶ。

「原子力規制委員会」の委員は原子力推進派が選ぶから、原発の再稼働も運転期間延長も汚染水の海洋放出も容認される。憲法をはじめとする法令や政令、条約を審査する「内閣法制局」の人事は内閣が握っているから閣議決定が容易だ。

「被害者救済新法」は「統一教会」と「濃厚接触」した議員を救済した。四月の統一地方選には、「統一教会」との「濃厚接触」を認めた228人が立候補した。地方議員も「濃厚接触」していた。関係した議員は免罪されたと居直り、有権者も「救済新法」でこの一件は落着したと勘違いしている。

日本の宗教法人の7割前後が「救済新法」を評価している。「救済新法」は霊感商法的な寄付勧誘をしていた宗教法人をも「救済」したが、議員の「統一教会」との「濃厚接触」は「政治倫理綱領」

に違背する。

特定の団体から選挙支援を受けても、実定法に抵触しないが、国民を浸食していた悪徳擬似宗教集団「統一教会」との接触は政治倫理上の問題である。

衆参両院は一九八五年、「政治倫理綱領」を採択し、議員に政治倫理上の問題行動があった場合、それを審査し、有責とされた議員に対しては、一定期間の登院禁止や役職辞任などを「勧告」できる「政治倫理審査会」を設けた。「勧告」に従わなくても罰則はないが、有責議員のその後の政治活動に大きくマイナスに作用する。

衆院の審査会は25人、参院のそれは15人で構成され、審査される側である国会議員から選ばれ、外部の委員が一人もいない「お手盛り」の審査会で、自浄作用を果たしていない。

「われわれは、国民の信頼に値するより高い倫理的義務に徹し、政治不信を抱く公私混淆を断ち、清廉を持し、かりそめにも国民の非難を受けないよう政治腐敗の根絶と政治倫理の向上に努めなければならない」「われわれは、政治倫理に反する事実があるとの疑惑をもたれた場合にはみずから真摯な態度をもって疑惑を解明し、その責任を明らかにするよう努めなければならない」。

特定の団体から選挙支援を受けても、実定法に違反するものではないが、国民を浸食している悪徳擬似宗教集団の「統一教会」に「お墨付き」を与える見返りに強力な選挙支援を受けるのは明らかに政治倫理に反する。だが、政府は「救済新法」を定め、「統一教会」と「濃厚接触」をした議員を「救済」した。

文通費、「森友・加計」、「桜をみる会」、首相官邸での親族忘年会も、「公私混淆」である。

「政倫審」は、実定法に抵触しない議員の問題行為にも「勧告」できる。「勧告」に従わなければ、その後の政治活動にマイナスになる。

その後、自治体にも「政治倫理条例」と「政治倫理審査会」が設けられた。一般有権者と法曹専門家の双方からバランスのよい選考が望ましい。先進的な市は、先ず委員を市民から募っている。しかし、私の住む千葉県白井市は市民から委員を募らず、「政倫審」事務局が選考した法曹専門家6人を市議会が了承し、市長が委嘱する「お手盛りの」審査会になっている。

白井市議会に、一部の市議が「統一教会」と議員の関係の徹底究明を求める決議案を提出した。しかし、議長を除く市議19名中14名が反対し、意見書提出が見送られた。反対した市議は今後、選挙支援を受ける可能性を残した。反対した市議の政治倫理の認識度が問われる。

白井市は各執行機関のチェック組織として、監査委員会、審査委員会、運営委員会などを設けている。しかし、どれも市や市議会の「お手盛り」。執行機関の施策実現を補完するだけで、監視機能を果たさず形骸化している。

洋上風力発電事業者から6千万円超の賄賂を受け取っていた千葉9区選出の衆院議員の秋本真利容疑者は全ての賄賂を馬主活動の経費に充てていた。「国民が監督を怠れば、治者は盗を為《な》す」(田中正造)。

## ◎議会基本条例と自治体議会改革

早稲田大学マニフェスト研究所は毎年一月、全国の都道府県議会と市町村議会にアンケートを送り、回答を数値化し、自治体議会の「議会改革度ランキング」を公表している。

二〇二二年度は全国１７８８議会のうち１４１６議会から回答があり、白井市議会は１６０位。千葉県内では流山市、柏市、成田市、船橋市に次いで5位。

特に市民への会議録公開、各議員の議案賛否の公表、審議資料の事前公表などの「情報共有・住民参画分野」では70位である。

二二年八月一五日発行の『しろい議会だより』の編集後記で編集委員の柴田圭子市議は「大きな躍進が嬉しい」と自画自賛している。しかし、白井市議会の手前味噌な報告に、私は信を置かない。

**✍吉里吉里人の自治独立宣言　井上ひさし『吉里吉里人』（一九八一年）から**

宮城県と岩手県の県境付近の東北本線沿線に位置する寒村「吉里吉里村」が日本の中央政府に愛想を尽かして、突如「吉里吉里国」を名乗り、独立を宣言した。

吉里吉里国側は、巡回バスを国会議事堂にして「吉里吉里十愚人」を招集し、食料やエネルギーの自給自足で足元を固め、最先端医学や独自の金本位制などで存続を図り、「吉里吉里語」を公用語として吉里吉里語講座も始まった。言語学にも造詣の深い井上は作中に、ズーズー弁の吉里吉里語の会話にルビを付け、『吉里吉里語四週間　吉日・日吉辞典つき』という小冊子を挿入し、方言論を展開している。「地域自治」には「地域言語」の所有と使用が不可欠だからだ。

しかし、中央政府との一日半の駆け引きと攻防の末に独立は頓挫する。

この小説が評判を呼び、日本各地で地方自治体が独立国を名乗る「ミニ独立国ブーム」が観光目的で流行し、二〇〇七年現在も、和歌山県すさみ町の「イノブータン国」などが存続する。
●沖縄米兵少女暴行事件や米軍用地特別措置法問題を経た沖縄では、『吉里吉里人』が改めて読み直されている。中央政府が昔も今も、沖縄の人々の運命を、一方的に決めているからだ。
政府文科省と教育委員会や学校管理職は沖縄の現実を生徒たちに知らせまいとしている。修学旅行前に少女暴行事件についてのプリントを配ると、「悲惨な事件で保護者からのクレームが心配」との理由で校長が回収させた。米軍基地の現状を伝えるプリントは「中立性を欠く」などとして県教委が配布を禁止した。

沖縄人は本土復帰まで「なんくるないさ」(なんとかなるさ)と心得て、心身の健康を保ってきた。しかし、復帰後も事態はなんにも変わらない。
●中央集権に抗して「地域主義」を打ち出し「地域自治」を確立するには「地域言語」の保有と使用が不可欠である。だから、沖縄人は「うちなーぐち」の保有に努めている。
「地域自決」や「民族自決」を主張するには固有の言語を保有していなければならない。固有の言語を保有してこそ「自決」できる。

だから、独立国家であるために、近隣の言語から自民族語を可能な限り遠ざけようとする。モルダヴィア語がルーマニア語から絶えず距離を保とうし、ウクライナ語もロシア語に対してその固有性を維持しようとしてきた。ウクライナ語の文法はロシアに、語彙はポーランド語に近い。

ソ連時代の前のロシア支配下ではウクライナ語禁止令が何度も出され、ウクライナ語は農村部や知識人の一部でしか使われなかった。ソ連時代もウクライナ語の公的使用は事実上難しく、都市部や知識人の一部はロシア語で生活していた。

一九九一年の独立後は、憲法でウクライナ語は国家語に定められ、公的機関や学校教育はウクライナ語中心になり、ロシア語の混ぜこぜ語の純化に努めてきた。

今、ウクライナ国民の多くが国外への離散を余儀なくされ、ウクライナはロシアの属国にされる危険がある。ウクライナ語はどうなるのか。

旧ソ連の支配下にあったブリヤート共和国では今、モンゴル語は祖父母の世代が内輪で使うだけになってしまった。中国の内モンゴル自治区でもモンゴル語の授業が削られ、ブリヤート・モンゴル語と同じ運命を辿る惧れがある。

ロシア軍のウクライナ侵攻後、ウクライナ人の間ではロシア語を拒否する人が多くなっているという。民族自決を主張するウクライナ人はどの国で暮らそうと、母語のウクライナ語を堅持すべきだ。民族固有の言語の所有こそ、民族自決の象徴なのだから。

**◆議会基本条例**

このままでは二〇四〇年までに８９６の自治体が「消滅」しかねない。
◆衆参両院は一九九三年六月、全会一致で「地方分権の推進」を決議し、村山富市《とみいち》政権の下で

「地方分権推進法」を制定し、七月、首相の諮問機関として「地方分権推進委員会」が発足した。二〇〇〇年四月から「第一次地方分権改革」が始まった。少なくとも法制度的には戦後日本の中央政府と自治体の関係にとって画期的な改革を目指すものだった。二〇〇九年、安倍晋三自民党政権は「地方分権改革」に換えて、「地方主権改革」を標榜し、「地域主権改革こそ改革の一丁目一番地」であると謳いあげた（新藤宗幸『日曜日の自治体学』二〇一三年）。しかし、改革は滞り、地方住民と地方議会の地域主権意識は育たない。

◆市町村はその住民にとって最も身近にある「政府」であり、市町村の「自治憲章」や自治基本条例は、自治体の「最高規範」あるいは「憲法」と言える。北海道のニセコ町で「まちづくり基本条例」が平成一二年に制定されたのを機に各地で制定する動きが見られた。

人口約2万7千人の岩手県矢巾《やはば》町は「フューチャ・デザイン」という町政の意思決定の手法を採用している。これは、アメリカ先住民の「イロコイ連邦」が重要な決定をする際には「7世代先の子孫になったつもりで」意思決定をするという「大いなる平和の法」の精神に倣《なら》い、7世代先を見据えて政策決定する「憲章」である（星川淳『魂の民主主義』二〇〇五年）。

民主党政権発足直後に当時の原口一博《かずひろ》総務相は、自治体への規制を大幅に緩和するために「地方自治基本法」を制定しようとしたが、実現しなかった。

そこで自治体議会を、市民、議員、首長らの自由な討論による「民主主義の広場」へと変えようと、「自治体議会改革フォーラム」［呼びかけ人代表は廣瀬克哉・法政大教授］が二〇〇七年一月、発足した。

　全国1700余の市町村と東京23区のうち、二〇一九年四月一日現在、計888自治体（49・7％）が「議会基本条例」を制定している。

●人口3万4000人の岩手県紫波《しわ》町では町民待望の町立図書館が二〇一二年八月にオープンし、若手農家の「農業支援サービス」も手掛け、図書館界の注目を集めている。二〇一六年八月、先進的な図書館活動を表彰するLibrary of the Year優秀賞を受賞した。

　この図書館運営の柱は三つ。一つは、0歳児から高校生までの読書支援。一つは地域たちの充実。もう一つはビジネス支援。少子高齢化する紫波町の図書館のビジネス支援とは農業支援で、農業従事者人口と農業生産の増加が目的である。

　図書館の書庫にあった農業関係資料を閲覧コーナーに配架した。町役場の花形部署の農林課と提携して社団法人「紫波町農林公社」を設立した。町内10カ所に産直所を開設した。

　二〇〇九年二月に策定された「紫波町公民連携基本計画」で立ち上げた「デザイン会議」の「オガールプロジェクト」の一環である。「おがる」はこの辺りの方言で、「成長する」を意味する。

　東北本線の紫波中央駅前の10・7ヘクタルの町有地は今や、「オガール広場」に変貌し、このプロジェクトの中心で、町民の交流の場になっている。年間90万人以上の人が訪れ、紫波町の地価は、3・94％も上昇し、岩手県の地価が下落し続けているにもかかわらず、今や県内第2位の地価上昇率を誇り、盛岡市のベッドタウンにもなっている（以上、猪谷《いがや》千香《ちか》『町の未来をこの手でつくる　紫波町オガールプロジェクト』二〇一六年）。

●千葉県白井市でも「議会基本条例」の制定を求める声があるが、その「陳情」は二三年六月、17人中11人の市議の反対に遭い、不採択になった。

## ◆自治体議会改革の壁　熟議を阻むのは「討論一人一回の原則」

「自治体議会フォーラム」はその共通改革目標の「ステップ1」として、「議員同士が責任を持って自由に討議する議会」「市民も参加できる開かれた議会」「積極的に情報を公開し透明性のある議会」の3項目を掲げた。

三重県の議会基本条例には、「議会は、県民の意向を議会活動に反映することができるよう、県民の議会活動に参画する機会の確保に努めるものとする」とある。

平成一八年、全国の市町村に先駆けて制定した北海道の栗山町の議会基本条例は、「自由かっ達な討議をとおして、これら論点、争点を発見、公開することは討論の広場である議会の第一の使命である」と謳い、第9条には、「議会は、本会議、常任委員会、特別委員会等において、議員提出議案、町長提出議案及び町民提案等に関して審議をし結論を出す場合、議員相互間の自由討議により議論を尽して合意形成に努めるとともに、町民に対する説明責任を十分にはたさなければならない」とあり、「討論一人一回の原則」を破棄している。

しかし、多くの市町村議会は自由討議を制限する「討論一人一回の原則」を慣行としている。この原則が自由討議と「熟議」を阻んでいる。

議会は、議長を含む定数の半数以上の議員の出席で開かれる。通常の議決は議長を含まない出席議員の過半数で決する。可否同数の場合は議長決裁となる。議案の重要性により、3分の2以上、4分の3以上、あるいは5分の4以上の「特別多数決」の場合もある。

いずれにしろ、多数決である。可否どちらかで論破されどちらかが優勢であっても、数の力で可否が決まる。議長がその見識で、どちらかを正論と裁定するわけにも行くまい。

「討論一人一回」の慣行で、自由討議ができず、「熟議」に至らぬまま強行採決されるケースは多々ある。白井市議会が、その悪例である。強行採決に抗議して退席する市議がいても、退席市議が少数であり定足数を満たしていれば、議決されてしまう。しかも、「多数決原理」を誤解しているため、少数意見が再度、議題に上ることはない。

循環バスを増発するとかバス停を増やすとか細々《こまごま》した議案には票稼ぎに賛成意見を言うが、市議の識見を問われる議案になると、沈黙を守るか狸寝入り。従って「会議は眠る」。

# 第八話　地方自治は「民主主義の最良の学校」になれるか　二〇二三年四月〜二四年八月

## ✍田中正造の「記名投票論」と「顔ばれ」

選挙になると、候補者は有権者の関心を、不都合な争点から逸らし一般受けするスローガンに惹き付けようとマインド・コントロールする。

自治体議員は目先のローカルな利益誘導に囚われ、反理知的な政治判断をする。山口県上関《かみのせき》町議会では二〇二三年八月、町議10人中7人が「中間貯蔵施設」建設に向けた調査の受け入れに賛成した。「中間貯蔵施設」建設が実現すれば、「町の経済効果が見込まれ、恒久的な財源確保に繋がる」というのが賛成理由。それでは町を核燃料の最終処分場にしかねない。

それでは7人の町議は無責任に政治判断したことになり、彼らに投票した町民の責任も問われる。

日本国憲法第一五条第四項は「すべて選挙における投票の秘密は、これを侵してはならない。選挙人は、その選択に関し公的にも私的にも責任を問われない」と規定している。

ところが、明治期初の衆院選では有権者は投票用紙に自分の住所と氏名を明記したうえで、捺印《なついん》もする必要があった。

明治二八年（一八九五年）三月六日、衆院本会議は「衆議院議員法」改正案を審議した。かつて足尾銅山の鉱毒事件で住民の先頭に立って闘った田中正造は無記名投票に断固反対した（小松裕『田中正造』一九九五年63頁）。

特定の候補者に投票した有権者の責任は重く、選びっ放しでは無責任。自分の選んだ議員の政治活動を監視する責任が有権者にはある。

昨今は、候補者も有権者も旗幟《きし》を鮮明にせず、投票者は「顔ばれ」を怖れ、どの候補者に投票したかを秘密にし、投票責任を逃れる。

選挙不正して当選したり収賄した議員や「統一教会」と「濃厚接触」した議員を選んだ有権者の責任も問わなければならない。

千葉9区選出の衆院議員の秋本真利容疑者は約7千万円を収賄し、新型コロナウイルス対策の給付金約200万円を不正に受給して、「馬主」活動に使っていた。秋本容疑者を4回も連続当選させた千葉9区の選挙民は「任命責任」を取らなければならない。

札幌法務局と法務省に「人権侵害」と認定された杉田水脈《みお》衆院議員が自民党環境部会長代理に抜擢され、次期衆院選で比例中国ブロックで優遇され、再当選する可能性がある。杉田議員には「顔ばれ」しないSNSフォロワーが多数居るからだ。

## ❶二三年四月の統一地方選総括　低迷する投票率

●二〇二三年四月の統一地方選の投票率は過去最低だった。首長選の3割近くは無投票当選だった。市長選の平均投票率は47・7%。市議選は44・3%。

41道府県議選では「統一教会」との接点を認めて立候補した候補者のうち9割が得票数を減らしたものの、再当選し、「禊《みそ》ぎ」にはならなかった。

地方議員選の投票率も低迷が続いている。候補者が出ても、選挙スローガンが似たり寄ったりでは選びようがない。

二〇二二年の東京都品川区の区長選では6名の候補者全員が、当選に必要な得票数つまり「法定得票数」を獲得できず、再選挙になった。再選挙でも法定得票数に達する候補者がいなければ、再々選挙になる。

再選挙には2億円もかかるから再々選挙を避けるために仕方なく1回目の最得票者に投票したということだろう。

●彼らは争点を明確にして旗幟《きし》を鮮明にしない。原発立地の自治体選挙に出馬した候補者の多くは原発推進の是非に旗幟を鮮明にしなかった。これでは本性と真意を偽《いつわ》っての立候補で、有権者は投票のしようがない。

万人受けするスローガンを総花的に並べるのではなく、争点に旗幟を鮮明にした政治的識見の高い具体的な選挙公約を掲げる候補者が出馬することを、私は切に望む。

地方選であるから、地元に利益を誘導するローカルな選挙スローガンを掲げるのは当然だが、私はどんなグローバルなスタンスに立っているのかが気になる。

私の住む白井市の市議会選に22人が立候補した。この22人に「しろい九条の会」が公開質問状を送った。内容は「自民党の憲法改正案」「防衛費増額」などの5項目である。

しかし、回答を寄せたのは13人だけ。無回答候補者のうちの5名は、「特定の主義・主張をもつ団体の質問には回答を控えさせていただく」旨の返答を寄せた。

「特定の主義・主張」を持たないノーサイドの団体などない。この5名も「特定の主義・主張」を持った党派や会派に属している。

無回答なのは自分のスタンスを鮮明にしたくないからで、そんな候補者ばかりでは投票のしようがない。

回答を控えた5名の代表格の古澤由紀子自民党候補は地元紙で改憲を主張しておきながら、前回の市議選以降、改憲には触れずに立候補し上位当選を決めている。

原発立地の地方自治体での首長選や議員選でも、争点の原発再稼働に関する賛否を鮮明にしない候補者が当選している。

●ポルトガル人宣教師のルイス・フロイスは「日本では曖昧な言葉が一番優れた言葉で、最も重んじられている」と書き遺している。

日本語の「ファジー」には「はっきりしない」というネガティブなニュアンスばかりでなく「考え方が柔軟である」「臨機応変に対応できる」というポジティブなニュアンスがあるらしい（唐沢明監修『社畜語辞典』（二〇二三年）。

「顔バレ」を怖れて旗幟を鮮明にしない有権者の政治意識も問われる。

## ❷千葉5区補欠選挙　争点外しの選挙戦

衆院千葉5区補選の場合は、薗浦《そのうら》健太郎議員が虚偽記載など政治資金規正法違反で略式起訴されたことに因る。だから、この補選の争点は「政治とカネ」。

だが、「自民」候補は「政治とカネ」の問題には触れず、安全保障強化やら自衛隊明記を訴えた。応援演説に来た小泉進次郎元環境相は「この選挙、自民党が反省するところからのスタートなのは私もその通りだと思う」と切り出したが、「旧統一教会」との「濃厚接触」にも「政治とカネ」にも言及せず、他のスローガンを並べた。

「共産」はじめ「政治とカネ」の問題を取り上げる野党候補もいたが、他のスローガンと並べて訴えた。従って、争点は暈けた。

「自民」は「ばら撒いて増税」。「立憲」は霞み、「共産」は地盤沈下し、「社民」と「令和」は行方知れず。

「身を切る改革」の「維新」は勢力を増強し、「維新」議員の身が太る。

「小さな声」を聴く「公明」は、大きな抗議の声には耳を貸さない。殺傷能力のある装備品輸出解禁問題には「慎重」で、「自民」の声には耳を貸す。

千葉5区補選で、なぜ「立憲」と「共産」の統一候補擁立が成らなかったのか。憲法、安全保障、エネルギーの3大政策で基本合意が成らなかったから、「野合」もできなかった。「野合」だって合意によって為《な》される。

両党とも統一候補を模索していた。しかし、それは基本合意なしにどちらかに強引に合流させるという言わば「強姦」。

「共産」は早々と斎藤和子候補を擁立し、彼女に「立憲」候補を合流させようとし、「立憲」は彼女を矢崎堅太郎候補に合流させようとした。両党が統一候補を立てていれば、「自民」の英利《エリ》アルフィヤ候補を容易に破ることができた。

## ❸白井市議会選挙　その意外

・千葉県議選では、定数１の白井市選挙区に３人が立候補し、「立憲」候補が当選。投票率は40・52％と低かった。

白井市の有権者数は５万８１３人。市議選には定数18に22人が立候補。旧市議の死去、辞職、落選に伴い、新人６人が当選した。投票率は43・77％。

・桜台地区は圧倒的に新住民が多い。この地区を地盤に二人の候補者が立候補した。

一人は立憲系の「市民の声」会派の柴田圭子候補。柴田氏は二〇一一年の市長選に出馬し、落選。二〇一九年の市議選では２２５９票獲得し、トップ当選。今回も１９２１得票してトップ当選したが、得票数が減った。

柴田候補と同じ桜台地区から出馬した「立憲」新人の荒井靖之候補が１７３９得票して第２位当選した。これは意外。市内の立憲支持票を、柴田候補と二人で分けたと言える。荒井市議はおそらく「市民の声」会派に入るだろうと思われたが、「つながろう、白井！」の一人会派を立ち上げた。「市民の声」会派は柴田市議と小田川敦子市議の二人会派になった。

「参政」新人の久保田江美《えみ》候補は１６８４得票し、第３位当選。彼女は「面《オモ》・しろい活性化計画」会派に入った。「公明」新顔の石原淑行《よしゆき》候補は１２６７得票して５位当選している。白井市の有権者は新顔に期待を賭けたようにも思われる。

・「共産」の徳本光香候補は１１２９得票し第６位当選。今回の22人の候補者の中で争点を明確にし旗幟《きし》を鮮明にしたのは、彼女だけだった。

彼女は「コロナ看板」予算削除動議に市議17人が反対し、「統一教会と政治家の関係の徹底究明と霊感商法団体からの実効性ある救済措置を求める意見書」を市議14人が却下したことを、選挙ビラに反対市議の実名を列挙して、問題にした。北九州市議会などは「教団と関係を絶つ」決議をしている。白井市にも「政治倫理条例」があるので、「関係を絶つ決議」ができるではないか。

もう一人の根本敦子候補は951得票して第10位当選。徳本候補と二人で市内の共産票を分け、両候補合わせて2080票を得票したが、前回より共産党票は300票減った。

日本共産党の二人が上位当選したとは言え、市内の有権者には共産党嫌いが多い。白井市民の守旧性は相変わらずだ。

・「市民の声」会派の影山廣輔候補は前回の市議選で891得票して第9位当選したのに、今回の市議選では653票しか得票できず落選した。この4年間、「共産」寄りの言動が目立った所為《せい》だと観測もある。浪人となった影山氏は「しろい九条の会」代表に就いた。

・今回の市議選で10名の女性市議が誕生し、女性市議が55・6%を占め、女性市議比率全国一の市議会となった。

しかし、女性が政界に進出すれば、政界が浄化されるというものでもない。「愚か者めが!」と怒鳴る東大出の女性国会議員も居れば、「信用できないなら、質問しないで!」と居直る女性閣僚も居れば、「パートするよりマシ」と市議になる高学歴女性も居る。

私は、性別を問わず、理知主義の政治指導者を求める。

・当選議員は、それぞれ会派を形成した。議長になる岩田典之市議は一人会派の「北総一揆」、新人の荒井靖之市議も一人会派の「つながろう、白井！」を立ち上げた。自民党の古澤由紀子市議は自民党ではなく「しろい令和」会派に所属した。日本共産党会派と「市民の声」会派、一人会派の岩田市議と荒井市議を除く他の諸会派は全て「隠れ自民」であり市政与党化している。

これまで「日本共産党」会派と議員控室を同じにしていた「市民の声」会派（2人）は、1人会派の「つながろう、白井」と「しろい未来」と同室となった。

## ❹白井市議会議長選出　女性市議票の行方

市議選後初の市議会（五月一六日）で市議会議長と副議長が決まった。当選の鍵を握ったのは一〇人の女性市議の票の行方だった。

議長には男性の岩田典之市議と伊藤仁《ひとし》市議、女性の柴田圭子市議が立候補。柴田候補は女性市議一〇人からの得票を見込んでの出馬だった。ところが、得票したのはたったの5票。5人の女性市議、いや彼女に投票した男性市議もいたというから、少なくとも5人以上の女性市議が、最多得票して女性市議の代表格の彼女を敬遠して他の男性候補に投票した計算になる。前回の市議選でも今回の市議選でもトップ当選した柴田市議に対する女性市議らの嫉妬心か。

副議長には男性の秋谷公臣《あきやきみおみ》市議と女性の小田川敦子市議が立候補。秋谷市議の副議長立候補理由は意味不明だった。

結果は両候補とも9票を得票したので、籤引《くじ》きの結果、秋谷候補に決まった。女性市議全員の票10を獲得していれば、小田川候補が当選したはず。彼女に投票した男性市議もいるというから、少なくとも女性市議の1票以上が秋谷候補に流れた計算になる。

女性候補が上位当選し女性市議比率全国一の女性優位の白井市議会でも、ついに女性議長・副議長の誕生は成らなかった。

一方、二〇二四年二月二六日、千葉県香取市議会の副議長に日本共産党の根本義郎市議が選ばれた。根本市議は定数22の市議会で11票を獲得した。背景には党派を超えて多数派形成と社会変革を目指す共産党会派（2）と政策本位で連携するという保守系会派のスタンスがある。しかし、白井市議会の場合、12名の守旧派と5名の改革派が政策本位で連携することはない。

## ❺五月の白井市議会報告　市民からの「陳情」「請願」

●市議会であるから、白井市民の日常の問題や民生的な問題に取り組むのが市議らの仕事であるのは言うまでもない。立候補者は選挙スローガンに日常生活の諸問題の解決を総花的に謳《うた》う。得票に結び付くからだ。路線バスの本数やバス停を増やすとかの公共生活の向上にはどの党派会派も市議も努力して自分（たち）の実績にし、『しろい議会だより』では手柄話しにする。

しかし、それでは、市議も政治家（statesman）の端《はし》くれなのに政治屋（politician）。今はグローバル化した時代であるから、ローカルに選ばれた市議といえども、グローバルに考えて言動しなければならない。

この4年間に市民が市議会に提出した10件の「陳情」や「請願」のうち採択されたのはたったの1件。他の9件は発言する市議も少なく、議論は低調だった。

●「日本政府に核兵器禁止条約の参加・調印・批准を求める陳情」は賛成7、反対12で不採択。「核禁条約」をめぐる問題は中央政府が決める問題であって白井市議会が関わる問題ではないという反対意見が出た。

一方で、市議会は議員提出の「ロシアによるウクライナへの侵略を強く非難する」決議案を出席議員17名の賛成で決議している。国際外交も政府が決めることだが、政府がウクライナ支援するから、白井市議会もロシア非難声明を出し、政府の方針を後押しするということだ。

●「白井文化会館・大ホール天井の安全化改修に関する陳情」も賛成8、反対10で不採択。市は「文化センターのあり方検討委員会」を設けて意見を求めていた。

## ❻六月白井市議会報告　萎《しぼ》む市議会の市政監視機能

●これまで「市民の声」会派の共産党寄りの影山市議が紹介議員となって「請願」して再三不採択にされた「教育予算拡充等を求める請願」を今回、紹介議員が「面《おも》・しろい活性化計画」会派の広沢修司市議に替わって提出すると、全会一致で可決、採択された。それまで広沢市議はこの請願に反対していた。党利党略で政治判断した結果である。

●「文化センターのあり方検討委員会」廃止議案は、徳本と根本の両共産市議が反対したが、他の全市議が賛成して可決された。両市議が反対したのは、「検討委員会」が9回も開かれていたが、「検討委員会」が4施設の運営委員会や「市民ワークショップ」の意見を反映しないで、「文化センター」の全機能縮小を提案する意見書を、白井市教育委員会に提出したからである。共産党の徳本市議は六月二一日の「一般質問」で方針を決める前に市民の意見聴取するよう求めた。笠井市長は事前に意見を聴くと応《こた》えたが、具体的な日程は示さなかった。

二〇二三年一〇月二七日に開かれた「第2回文化会館運営協議会」と二〇二四年三月一五日の第3回運営協議会を傍聴したが、文化会館の運営方法についての議論であって、文化センターのあり方を検討する委員会ではなかった。

白井市は市の「文化の殿堂」とも言うべき「文化センター」の規模が縮小され、機能が削減される危機に瀕している。笠井市長のスローガンは「白井市をもっと豊かに」だが、文化活動が萎《しぼ》んでしまう。

●「白井市議会基本条例の制定を求める陳情」は不採択。反対市議は「議会基本条例を制定しなくても議員間の積極的な議論の中で合意形成されていく」と反対したが、「議員間で積極的な議論」が展開されることは稀である。

「議会基本条例」は自治体の憲法。議会と市政と市民が目指す基本方針を定める。現在、市議会の7割、町村議会の5割が「議会基本条例」を定めている。

●二〇二三年八月一五日発行の『しろい議会だより』は第2面で「来年度から森林環境税　一律１０００が徴収されます」と伝えた。

森林の整備と称して「森林環境税」なる税金が来年度から全国一律に地方税として１０００円が徴収されるが、森林面積が少ない白井市は、どこの森林を整備すると言うのか。

白井市では来年度から市民税と県民税がそれぞれ５００円減額になり新たな税負担にならないのを奇貨とし導入することにしたと、『しろい議会だより』が早々と報じた。政府の決定に盲従するのが地方自治ではない。

政府林野庁は森林面積の広狭によって不公平が生じるので、徴収した森林環境税の配分額を、森林面積に応じて見直すことにしている（八月一六日付『朝日』）。例えば、森林面積が５０７ヘクタールの横浜市の配分額は4・04億円になるらしい。

森林も含めて環境の破壊と汚染の元凶は政府と大企業。海外で「開発」と称して熱帯雨林を伐採するのも大企業だし、原発を再稼働させて「処理水」を海洋放出するのも政府と原発企業の仕業。なのに、一般の国民に環境整備と称して税金を科す。税金は１０００円でも少ないほうがいい。

『しろい議会だより』は、政府の森林環境税徴収を当初から既決事項として是認し、その徴収の仕方を市民に伝えるものだった。白井市議会は政府の政策に盲従する「翼賛議会」に堕したか。

私はこれを機に、『議会だより』の編集と記事内容について、市議から成る「議会だより編集会議」と「議会事務局」に文書で注文した。

•八月一五日付『議会だより』第4面の「議案等審議結果一覧表」では各市議の賛否表明は分かるが、

各市議がどんな賛否の意見を述べたのかを伝えていない。賛否の意見を述べず黙って問答無用と賛否の表示をするだけの市議が多過ぎる。

• 第2、3面の議案審議記事は両論併記だが、噛み合わない討論だったのに、全ての決議を諒としている。

• 第5、6、7面の各議員が作成する「市政のここが知りたい」は、ピンボケな質疑応答と言い訳で、市政を補完する記事が多い。

自民党の古澤由紀子市議は格差を招く「新自由主義」を是としておいて市政の構造改革の見直しを求めた。市が「教育基本方針」の一つに掲げる「未来を生き抜く力」にも言及すると、宗政《むねまさ》教育部長は新しい道徳の授業と教員の研修の機会を増やすと答えた。市民が知りたいのは、学校をブラックにしている元凶だ。

• 全紙面が（政府と）市執行部の政策方針の追認記事。市議会は翼賛化している。やはり白井市には「議会基本条例」が必要だ。

## ❼九月白井市議会報告　「一般質問」

●「一般質問」は自治体議員が自治体の執行機関に対し行政一般について質問を行なうことで、「一般質問」は「国会質問」の言わば地方版。

議員は行政一般について執行機関の取り組みの不徹底を追及し、より良い取組みを提案する。

一方、執行機関には取り組みの進捗状況をＰＲする機会でもあるし、市議たちの提案に誠実に応える義務がある。「一般質問」の本来の目的は、市議会と執行機関が協力し合って市政を建設的に進めることにある。だから、馴れ合い質問や論点を躱《かわ》した回答は「一般質問」の本義から外《はず》れるものだ。

国会では、答弁にそなえて省庁職員が質問要旨を提出した議員から詳細を訊き出す「質問取り」が行なわれている。

白井市議会の場合、「一般質問」する市議は、「質問要旨」を議長に提出する。すると、執行機関の担当部課長は質問当日の朝までに質問市議に「回答要旨」を届けるから、質問市議は「一般質問」の前に「回答要旨」を知ることができる。質問する市議以外の市議と傍聴者は「質問要旨」を事前に知ることはできるが、答弁内容については当日、質疑中に初めて知ることになる。これは、言わば「談合」。

九月六日、七日、一一日と「一般質問」が行なわれた。相変わらず、馴れ合い質問が多く、市長や担当部課長らは論点を躱《かわ》して答弁する場面もあり概ね、確答を避けた。

●「面《おも》・しろい活性化計画」会派の広沢修司市議は六日、「新たな価値を創造するまちづくり」について一般質問し、白井市の教育環境と課題に言及した。しかし、その質疑内容はピンボケでタテマエをなぞっただけ。今、なぜ、学校がブラック化しているかの疑念は全く無く、言及もしなかった。

●同日、共産党の根本敦子市議が「学校給食の無償化」について市の姿勢を質《ただ》した。

宗政《むねまさ》教育部長の回答によれば、千葉県で給食を完全無償化にしているのは12町村だけ。白井市の場合、令和4年度の学校給食に2億8310万かかり、それは市予算の1・33%に相当するから、完全無償化するには約3億円が必要になると笠井市長も答えた。財源確保が第一の問題だと言う。しかし、白井市の「財政健全度」は上位4分の1に入るから、完全無償化は可能だろう。

令和4年度の給食費滞納者は64人で全体の0・34%。給食費滞納者に対する督促は「白井学校給食センター」の職員が家庭訪問して行なっている。

参政党の久保田江美市議も同日、「食育について」の質問に立ち、学校給食にオーガニック米取り入れなどを提案したが、学校給食を完全無償化すれば給食の質が劣化する惧《おそ》れがあるとして、選挙スローガンに掲げた完全無償化を主張しなかった。

福島産農林水産物の積極的な購入と消費を奨める政府の方針に従って、学校給食の食材にすることには言及しなかった。

学校給食の一律一斉主義は人権侵害になりかねない。何をどれだけ食べるかは、個々人の自由だからである。

令和4年度の「給食センター」の調査では、市内の小中学校に在籍する児童生徒のうち、358人が何らかの食物に対してアレルギーである。

「給食センター」はアレルギー除去食も提供しているが、あらゆる食物アレルギーに対応しきれない。アレルギーの子供たちは弁当持参になる。学校給食は「外注併用弁当方式」にならざるをえない。[学校給食については拙著『こんな人たち　自治体と住民運動』34頁〜39頁参照]。

令和五年度第1回「白井市学校給食センター運営委員会」（令和五年九月一三日）を傍聴した。委員は14名。栄養士の委員長、学校薬剤師の副委員長、3名の小中校校長、3名の養護あるいは栄養教諭らの12名は教育長と教育部が指名し、公募委員らしき者は2名にすぎない。白井市の委員会は大抵、公募しない。市民から疑問や意見を吸い上げることはしないお飾りの委員会である。

事務局から「令和4年度の事業実施状況」や「給食費の現状」についての報告があった。「残菜率」の詳細な報告もあったが、そもそも「残菜率」はどのように計算するのか。食べ残しがあるのは当たり前。

委員会は極めて低調。一時間程度の報告後、形ばかりの質問が2、3件。真面な質疑も熟議もなかった。委員らはそそくさと帰った。私は翌日、詳細な「意見書」を「学校給食センター運営委員会」事務局に提出した。

白井市の運営委員会や協議会や審査会などは大抵、形骸化し、「お飾り」の委員会である。市民公募は目立たぬように行なわれ、お手盛りの委員会となっており、市政を監視する機能を、十全に発揮しているとは言えない。

●七日の日本共産党の徳本光香市議の「一般質問」は「市民が求める市内公共交通の利便性向上について」と「白井市独自の平和の取り組みについて」だった。

前者に持ち時間1時間の3分の2を費やし、循環バスの現状を精査報告して改善を求めた。これに対し、担当部課長は改善の取り組みを示唆しながらも、確答を避けた。

市民が求め、「地域公共交通活性化協議会」が提案した「バスロケーションシステム」の導入を確約しなかった。

「平和への取り組み」の第6問の質疑は尻切れトンボに終わり、第7問の「土地利用規制法」と下総基地の関係とその住民生活への影響については質疑できなかった。

笠井市長は「平和首長会議」総会に千葉県内の首長でただ一人参加した。「安全保障3文書」については国の専管事項だとして、コメントを避けたが、「核禁条約の参加・調印・批准を求める陳情」には賛意を表明している。

市長も担当部長も、自衛隊の自衛官募集に際して18歳から22歳の住民の4情報（氏名・住所・生年月日・性別）を自衛隊に提供することはしていないと回答した。

しかし、全体としては曖昧な回答をし、確答を避けていた。

## ❽一〇月四日の「議員全員協議会」「討論」は「全員協議会」にあり

自治体議会の「議員全員協議会」についてはあまり知られていない。

「全員協議会」は、「自治法」第100条第12項の「議会は、会議規則の定めるところにより、議案の審査又は議会の運営に関し協議又は調整を行うための場を設けることができる」に基づき、議長が自由裁量で招集し、議長が司会する臨時の会議である。本会議に先立って、提案が予想される懸案事項について、議員間の意見を調整し、議事を円滑に進めるために開かれる。

全員協議会で何を議論するかは自治体によって異なる。白井市議会の場合は、定例会前に懸案になっている案件を説明し意見を調整する場になっている。

全員協議会は文字どおり、議員全員による協議の場で、「討論一人一回」などの会議規定に縛られることなく何度も自由に忌憚《きたん》なく質疑し意見交換できる場である。だから各議員は議論しながら、改めるべきは改め、意見調整ができる。従って、全員協議会が実質的な討議の場になり、委員会や本会議を形骸化させる惧《おそ》れがある。

ところが、全員協議会は大抵、一般市民には非公開で、詳細な議事録は公開されず、傍聴もできない。

白井市議会の場合、白井市民は通常、提案要旨と結論だけが記載された議事録しか読めず、情報公開請求するか傍聴しなければ、議論の流れや各市議の発言の詳細を知ることができない。

一〇月四日の全員協議会で、「市民の声」と日本共産党と「つながろう、白井!」の三つの会派の5名の市議が詳細な議事録公開と録画配信を求めた。

提案したのは、有権者の議会活動への関心を高め、傍聴に来れない市民や障害者にも情報を提供し、各市議の考え方を分かり易く伝えるためである。

ところが、白井市議の大半は市民に議論の流れや自分の発言を知られたくないから、詳細な議事録や録画を残すまいと、理由にならない屁《へ》理屈を並べ立てた。傍聴していた私は、反対議員の理知と資質を疑った。

全員協議会でも本会議でも、「先に結論ありき」で、賛否どちらの意見を言わず押し黙り賛否だけを表明する議員が多い。

反対理由や対案を示さない守旧派の市議らに苛立《いらだ》っている日本共産党の徳本市議が抗議すると、「ニューウェーブしろい」会派の平田新子市議が食ってかかり、激しい応酬になった。非は市議としての見識と資質に欠ける市議らにある。

情報公開が原則なのだから、全員協議会の議事録開示や録画配信は当然である。しかし、議長を除く市議17名中12名が提案に反対した。全員協議会では失言も拙《つたな》い発言も出がちだから、市民から顰蹙《ひんしゅく》と失笑を買うのを怖れているのだ。しかし議員は公的な場での公的な発言には責任を持たなくてはならない。

四月の白井市議選で、6名の新人議員が誕生した。日本共産党市議と「つながろう、白井!」会派の市議を除く4名の新人議員は、「市議会に不慣れ」を理由に、「従来どおり」を是とし、提案に反対した。そんな彼らが一〇月一一日の本会議では、日本共産党会派が発議した「アルプス処理水の海洋放出中止を求める意見書」の討議では、何度も質疑したうえに反対意見をはっきり述べた。

本会議や委員会では賛否の意見を一回しか言えない「討論一人一回」の原則に縛られ、実質的な討論は行えない。「熟議」はむしろ全員協議会でこそできるのだ。だから、「全員協議会」の詳細な議事録や録画の公開こそ重要であり、「全員協議会」の傍聴こそ必要なのである。

## ❾少数派いじめの「質疑」と「討論」「アルプス処理水の海洋放出中止を求める意見書」（一〇月一一日の本会議）

「地方自治は民主主義の学校であり、その成功の最高の保証人である」（英国の政治学者J．ブライス）。しかし、議員や有権者の多くはあまりに反理知的で頑迷。地方自治の基本精神を弁《わきま》えない。

一〇月四日の「全員協議会」と一一日の本会議での討議は白井市議会の低劣醜悪な人間模様を露呈した。

市議会は守旧派と改革派に分かれ、改革派と思《おぼ》しきは日本共産党市議と「市民の声」会派と「つながろう、白井！」会派の計5人、他の12人は頑迷な守旧派と言える。討議は常に「守旧派」よ「改革派」の二派に分かれて対立する。

「請願」でも、少数の改革派市議ではなく多数派の守旧市議が紹介議員になると、採択される。守旧派は論によってではなく、数で押し切ってきた。白井市議会には国政と市政を翼賛する、あまりに反理知的な守旧派が横行跋扈《ばっこ》している。

●海洋放出中止を求める意見書

四月の白井市議選に22人が立候補した。この22人に「しろい九条の会」が公開質問状を送った。内容は「自民党の憲法改正案」「防衛費増額」などの5項目である。

しかし、回答を寄せたのは13人だけ。無回答候補者のうちの5名は、「特定の主義・主張をもつ団体の質問には回答を控えさせていただく」旨の返答を寄せた。「特定の主義・主張」を持たぬノーサイドの団体などない。この5名も「特定の主義・主張」を持った党派や会派に属しているではないか。

その5名とは秋谷公臣《あきやきみおみ》、伊藤仁《ひとし》、長谷川則夫、広沢修司《しゅうじ》、古澤由紀子の各候補。彼らは揃《そろ》って当選し、今回の「意見書」提出にも口を揃えて反対した。

守旧派の市議らは「お上」は正しいのだという低俗な社会通念にどっぷり浸《つ》かり、中央政府の政策を追認し翼賛する。地方議員は地方に立脚して、中央政府に異議申し立てしてこそ存在価値があるのだ。地方自治とは中央政府の言いなりになることではない。地方から中央を変えてもいいのだ。

自治体議会は「国会又は関係行政庁」に対して「(当該) 自治体の公益に関する事項」に関する「意見書」を提出することができる (「自治法」第99条)。

当該「自治体の公益」と言っても、グローバル化した今日、ロシア軍のウクライナ侵攻も「統一教会」の徹底追及もアルプス処理水海洋放出もガザ停戦も、「自治体の公益」に関わる事項である。長谷川則夫《のりお》市議は白井市の公益に関わる事項ではないから、「海洋放出中止を求める意見書」は「法的根拠に欠け、決議しても無意味である」として、「意見書」提出に反対したが、筋違い。長谷川市議は白井市議会の元議長であるから、他の守旧派の古参市議らの「意見書」理解度は推して知るべし。

従って、「国に対し、国際法をまもり、福島第一原子力発電所によるアルプス処理水の海洋放出を中止し、関係者はじめ国際社会や国民多数の理解が得られる別の方法を検討し実施することを求めるため」という日本共産党の徳本光香市議の提案理由は正論。簡にして要を得、意味明瞭である。

「遺骨を含む土砂を基地建設の埋め立てに使わないよう求める意見書」は二〇二三年一二月までに約200の地方議会から提出されている。

「質疑」は議案の論拠を吟味して賛否の判断に資するためにするもの。ところが、反対市議らははじめから反対する屁《へ》理屈を探すために揚げ足を取り、的外《まとはず》れな意地の悪い質問をしつこく繰り返し、発議者の日本共産党市議たちを追い詰めようとした。「何のために重箱の隅を楊枝《ようじ》でほじくるような質問をするのか?」と、私は逆質問したかった。

国際原子力機関（IAEA）が如何なる機関か、「国連海洋法条約」や「ロンドン条約議定書」の解釈、アルプス処理水は如何なる「処理水」か、などについての彼らの認識がそもそも間違っている。IAEAは原子力利用を促進する機関であり、日本政府が提供したデータを点検しただけで、精査していない。政府や東京電力は米国などが採っている、海洋放出以外の選択肢を検討していない。海洋放出を採ったのは、経費が他の方法の十分の一で済むからである。

「つながろう、白井!」会派の荒井靖行市議が賛成意見の中で指摘したように、アルプス処理水は発ガン物質を含み、水で薄めても絶対量は変わらない。安全と安心は違う。政府や東京電力、IAEA関係者は安全だと言っても、処理水を飲んで見せない。海洋放出は7年間どころか、原発が稼働している限り、続くだろう。

発議者の徳本市議が環境省に電話でアルプス処理水の海洋放出の安全性について電話で訊いた。すると、環境省の役人は1キロ沖に放水すれば安全だと答えたと言う。「面《オモ》・しろい活性化計画」会派の広沢修司市議や久保田江美《えみ》市議らは、この子供騙《だま》しの回答を無視して、あくまでも海洋放出は安全だという主張を撤回しない。

アルプス処理水の海洋放出は明らかに間違いであり、「非」であると認識するのが道理である。こんな道理は小学生にも分かる。

二〇二四年一月一日の能登地震後の断水で地元住民は生活用水に生活に困っている。「食料や飲み水はあるが、水が止まっているので手も洗えない」（地元住民）。ならば、安全安心」と断言する政府と東電は「アルプス処理水」を海洋放出などせず、現地に送ってはどうか。

彼らは、ただただ反対するための屁《へ》理屈を見つけるために俄《にわ》か勉強をしたと思われる。広沢市議は、発議案は「風評被害」に基づくものと言うが、彼らの難癖こそ意見書に対する「風評加害」である。

「白井市議会会議規則」には「討論については、議長は、最初に反対者を発言させ、次に賛成者と反対者をなるべく交互に指名して発言させなければならない」（第53条）とある。提案者の提案説明の後《あと》、「質疑」に移るが、「質疑」は質問と回答で3往復可能だ。「質疑は、同一議員につき、同一議題について3回を超えることができない。ただし、特に議長の許可を得たときは、この限りでない」（第56条）。賛否の意見は一人一回しか述べることができない（全国町村議会議長会編『議員必携』の「討論一人一回の原則」）。

4人の市議が反対意見を展開した。「活性化計画」会派で参政党の久保田市議は「質疑」を再三繰り返した挙句、「討論」の最後を、反対意見で締め括《くく》った。

他の海千山千の古参の守旧派市議の多くは哲人でもないのに「明哲保身」を決め込み、質疑にも討論にも参加せず、日本共産党市議が追及されるのを冷ややかに傍観していた。白井市議会の少数派いじめの醜悪な「構図」がくっきり浮き彫りになった。

自民党の古澤由紀子市議は「討論」の最後になって決まって反対意見を言っては「討論」を締め括《くく》る。隣席の公明党の石井恵子市議は決まって「発議者は〇〇を知っているのか質問」をしては「発議潰《つぶ》し」を仕掛ける。二人とも今回は、質疑もせず最後に反対意見も言わず、共産党市議たちが追及される様《さま》を、ニヤニヤして眺めていた。今回は新顔の久保田市議が替わって反対意見で締め括る役目を担う形となった。

今回、賛成意見を言えるはずなのは荒井市議、日本共産党の根本敦子市議、「市民の声」会派の柴田圭子市議と小田川敦子市議の4名だけ。根本市議と荒井市議と柴田市議が賛成意見を展開した。が、4番手の小田川市議は、質疑は再三したものの、議論のあまりの低劣さに混乱し頭を抱え、最後に賛成意見で「討論」を締め括ることができなかったらしい。最後の意見が討論の総括になり正論であるかのような印象を、傍聴者や視聴者に与えるものだ。

質疑し討論するうちに、はじめ賛成意見だった者が反対者になることもあれば、反対意見だった者が賛成者になることもある。だから、小田川市議は反対意見に転じたのでは、と疑ったが、賛成ボタンを押した。結果は予想どおりの顔ぶれで賛成者5、反対者12。賛否者の顔ぶれはいつも固定している。何のために討論し熟議するのか。

12名の反対市議の主張には一片の理知も道理も見られない。私は反対市議の理知と資質を疑った。

●「私たちは騙されない」

私は党利党略に無縁で、右でも左でもない。ただ「是は是、非は非」と考える。「非を是とするは愚」（荀子）。

アルプス処理水の海洋放出は明らかに「非」である。私は日本社会に巣食う反理知的勢力を弾劾する。

●「政治は言葉」　言葉を変えれば政治が変わる

烏賀陽《うがや》弘道『ＡＬＰＳ水・海洋排水の12のウソ』（二〇二三年）は「海洋排水しか方法はない」「タンク置き場はもうない」「希釈して排水するから安全だ」「環境への影響は長期的に見ても無視できる」などの政府経産省や東京電力の12のうそを糾弾する。

1リットル当たり0・1ベクレルのセシウムは海洋放出されたとする。その大部分は珪藻成分とくっついて海底に溜まる。それをプランクトンが食べる。そのプランクトンをクラゲとかミジンコとかが食べ、そのクラゲやミジンコをイワシとかタコとかが食べ、そのイワシとタコを、中くらいの魚のサバとかヒラメとかが食べ、そのサバとヒラメを、今度はマグロとかが食べ、次第に「生物濃縮」され、高濃度の放射性物質が体内に溜まっていく。最後に「食物連鎖」の頂点に居る人間が最も高度に濃縮した魚を食べる。

シカゴ大学のノーマ・フィールド名誉教授は、米国に「アルプス処理水」という言葉はないと言う。water contaminated by radioactivity water processed by ALPSといっても一般人には分からない。海洋放出は廃液などを排出するdischargeであり、ごみを投棄したり荷物を放り出すdumpである（『週刊金曜日』二〇二三年一二月八日号）。だから、鳥賀陽は「ＡＬＰＳ水・海洋排水」としている。

言葉を変えれば、政治と政策が変わる。

### ⑩「羊頭狗肉」の「議会活性化特別委員会」の低調

●白井市は全国議会改革ランキングで全国１７８８議会のうち回答した１４１６議会中、１６０位。千葉県内では流山市、柏市、成田市、船橋市に次いで5位。特に「情報共有・住民参画分野」つまり市民への会議録公開、各議員の議案賛否の公表、請願者や陳情者の委員会での理由説明、審議資料の配布、会議の事前公表などでは全国70位。

35項目の議会改革案が出ているが、そのうちの4項目を、前市議会議長の長谷川市議を議長とする「議会活性化特別委員会」が検討することになり、残りの改革案は全員協議会や議会運営委員会などで検討することになった。

なお、公明党会派は改革案を一つも出しておらず、どの会議でも改革案を却下するのに懸命になっている観がある。「議会活性化特別委員会」でも、ピンボケで瑣末的な議論ばかり。「議会活性化特別委員会」は一般市民の市政参加を促進するためにあり、主体はあくまでも市民、市民あっての市議会。市議会議員らの都合で必要不要を決めるものではない。たとえ市議に不要であっても、市民が必要だと認めたら、技術的に可能で議会運営予算の許す限り、改革案を導入すべきだ。

今回の4つの検討項目のうち、是非とも必要なのは360度カメラの導入だろう。現在のような映し方では発言者しか映らず、議場全体の様子が映り込まれず、市民に伝わらない。つまり、およそ半数余りの市議は討議に参加せず、居眠りし賛否のボタンを押し間違え、おしゃべりしながらニヤニヤしていても、傍聴してないと市民は気付かない。議員報酬を引き上げは全員一致で可決されたが、こんな市議らに月35万は多すぎる。発言や議会報告会の回数などで議員報酬に差を付けてはどうか。そのチェックを、議会事務局はできるか。

●迅速に議事録を作成しようと、動画をユー・チューブで公開しようと、そもそも討議になっていない議事録では、市民が呆れるばかりだろう。

十分に討議し「熟議」したがらない市議も居る。二〇二〇年一一月二五日、「全員協議会」でのこと。この日、これまで『しろい議会だより』に掲載してきた「下総基地の米軍機使用絶対反対」のスローガンを継続掲載するか削除するかを自由討議したが、討論に参加していなかった「削除派」の古澤由紀子市議が「早く○×を付けよう」と提案し、決議できない「全員協議会」で削除することに決まった（拙著『こんな人たち』二〇二一年27頁～28頁）。古澤市議は議会活性化案も提出せず、「議会活性化特別委員会」でも討議に参加していない。

「議会基本条例」の制定を求める「陳情」は、「議会基本条例を制定しなくても、議員間の積極的な議論の中で合意形成されていくものと考えます」との理由で、不採択になった（二〇二三年六月）。賛成6対反対11では合意が形成されたとは言えない。「アルプス処理水の海洋放出反対の意見書」提出も12名の市議の反対に遭い、見送られた（二〇二三年一〇月）。いつも、論ではなく数で押し切られる。

●二〇二三年一一月一五日発行の『しろい議会だより』は一面トップに「議会活性化特別委員会を設置　議会改革を進めていきます」と大書した。これを読んだ市民は議会の抜本的な改革を進めるのだろうと期待したであろう。だから、議会の活性化には先ず議員の意識変革が必要で、討議の仕方を改めなければならないのに、「議会活性化特別委員会」は議事録作成の迅速化や録画などの技術上の議論に終始し、問題を摺《す》り替えた。議会活性化特別委員会は羊頭を掲げて狗《く》肉を売ろうとしている。

議会改革に関わる議会運営委員会（二〇二四年一月二二日）を傍聴後の一月二六日、私は傍聴人意見書を、岩田議長、柴田「議会運営委員会」委員長、長谷川「議会活性化特別委員会」委員長宛に提出した。

市議会改革を巡っては、今期各会派が出した改革35項目を議会運営委員会、会派代表者会議、全員協議会、議会活性化特別委員会で手分けして検討することになった。

しかし、一月二二日の議会運営委員会での審議を傍聴して見ても、議会改革の本気度は極めて低い。「自民党政治刷新会議」と同じく根本的議論はなされず、議会運営上の瑣末的な技術論に終始し、議会活性化にはほど遠い。「黙っていては始まらない」(柴田市議のキメ台詞《ぜりふ》)が、声を上げるだけ。議員先生方、「何、やってんだ?」

・ピンボケの末梢的論議　議会中継中の発言者の役職名と氏名表記が、なぜ問題なのか。発言者の肩書は発言当時の発言であり、議場での発言は全て、公人としての発言であるから、氏名を表記公開しても「個人情報の漏洩」には全く当たらない。議員先生方、「何、言ってんだ!」

・質問時間は質問者の本気度の問題　質問時間を40分にしようが60分にしようが、持ち時間に多寡が生じる。回答を躱《かわ》したい答弁者は論点を外したり長々と答弁して質問者の持ち時間を潰そうとする。だから、論点を外し長々と答弁を続けたら、質問者は注意して誠実な回答を求めるべきだ。質問時間の多寡は、質問者の本気度の問題である。馴れ合い質問や「ヨイショ質問」は問題外。

2. 改革35項目は各会派市議が提出したもので、市議会が公聴会を開いて、市民の議会に対する要望を集約したものではない。市議らに都合のよい改革案を羅列したもの。白井市議の先生方は「我々は白井市民によって選ばれたのだから、白井市民の要望を代弁している」と居直るにちがいない。しかし、そう居直れるほど議員の資質を備えた市議は白井市には稀である。彼らはせいぜい旧守頑迷な岩盤支持層の代弁者に過ぎない。

議事録の作成や会議の録画映像公開を急ごうと、映像配信をユー・チューブで流そうと、呆れた議論を市民に伝えて、恥ずかしくないのか。下らぬ議論で市民を愚弄するのか。

私は、議会活性化させるには、先ず「討論一人一回の原則」に従うだけで、「熟議」せず、決まって数の力で賛否を12対5で決めてしまう慣行を改めるべきだと考えるが、議員先生方には「馬の耳に念仏」。

二〇二四年二月五日の第2回議会運営委員会を傍聴したが、議題（3）の市条例制定を巡る下らぬ議論が長引き、議題（4）の「議会改革に係わる議会運営委員会の検討事項については次回の議運で話し合うことになった。同日午後の全員協議会でも「議会改革に係わる検討事項について」が議題に上がっていたが、検討項目は議会改革の本質的審議ではないので、傍聴を止めた。

彼ら白井市議は本質的議論を避け、市民を愚弄している。

## ⓫学校給食の全員無償化とPTA任意加入（一一月三〇日の「一般質問」）

「国会質問」や「一般質問」には論点を外して躱《かわ》し、暈して躱す「逃げ」の回答答弁が多い。百も承知の質問をして、相手を持ち上げる「ヨイショ質問」も少なくない。

徳本光香市議は一一月三〇日の「一般質問」で、「学校給食の全員無償化」と「任意加入のPTAのあり方」を問題にし、厳しく追及した。

●教育の無償化は早くから叫ばれている。マルクス「共産党宣言」（1848年）は、「もっとも開花した諸国」が取り組むべき諸方策の一つは「全ての児童生徒の公共無料教育」（塩田庄兵衛訳）であるとマニフェストしているし、「日本国憲法」第26条にも「義務教育はこれを無償とする」とある。

前原誠司氏らは一一月末、国民民主党を離党し、新党「教育無償化を実現する会」を立ち上げて教育無償化を、一向に進まない野党結集の「橋渡し」にするらしい。

なのに給食費を値上げするという。人権侵害にもなりかねない学校給食は完全無償化して、当然である。

●ＰＴＡは父母と教職員が入会も退会も自由な任意団体であるが、実態は全員加入で組織化され、ＰＴＡ会費は学校の運営予算に組み込まれ、教育設備などの補助に宛がわれている。

学校側は任意加入であることは百も承知なのに、全ての父母たちを半ば強制的に加入させる。学校側も父母らも任意加入であることを承知しながら、実際には学校側は父母全員を加入させ、父母も全員加入する。そのうえで役員の選出に擦った揉んだし、係分担やら当番割り当てやらで揉《も》めに揉める。

宗政《むねまさ》教育部長の回答は逃げ口上に終始していました。宗政部長や教育長らもＰＴＡの現状を知らぬはずがないのに実情を把握してないと逃げる。

宗政部長だって小中生の親だったろうし、教育長は校長経験者。ＰＴＡ会長を踏み台に市長選や市議選に出た市議だっている。

会員の子弟と非会員の子弟では校内での立場が異なってくるから、学校側は非会員の児童生徒の扱いに困るから、全員を会員にしたがる。ＰＴＡ会費の多くを学校の施設費や修繕費などに回される場合が多い。

だから、私はそもそもＰＴＡを組織しないほうがいいと考える。父母たちが学校側に団結して要求する必要が生じた時にだけ、父母たちが「父母の会」を組織すればいい。

TもPも「子どものためだから」と現状のままにさせられている。TもPも彼らが抵抗しないのが悪いのだ。実を言うと、私は教育改革を語るのはもううんざりだ。

PとTではなく有志の親だけで「parents association（父母の会）」を作って活動するも良し、TはPの協力が必要な時は、父母全員に生徒を介して働きかければいい。父母たちはその活動をenjoyするもしないも自由だし、Tがそういう親たちと交流するもしないもTの自由にすればいい。しかし、これも、大きな幾つもの壁に阻まれ、実現するはずがない。

**⑫「命《ぬち》どぅ宝《たから》」（一二月一九日の本会議）**

一二月一九日の定例会最終日の本会議は2時間、延長になった。二つの発議案で討論が紛糾したからである。守旧派と改革派との対立が、さらに険悪化している。

●無料スクールバスの「受益者負担」で運行する発議

「立憲民主」の荒井市議は「受益者負担」でスクールバス運行の継続を発議した。発議理由は、100人足らずの小学生のために3年間で1．3億円かかる無料バスの運行計画があるが、当初よりも72％増の予算がかかる見込みだから、利用児童の保護者負担つまり受益者負担にしてはどうか、というもの。

守旧派の市議らは「子どもの命を守るのは大人の責務」だから、「命の問題で金のことを言うな」と一斉に反発。元凶は対策を何ら講じない市政側だが、「受益者負担」と聞いて日本共産党会派も反対。賛成3、反対14で否決された。
14名の市議が「受益者負担」に反対したので、最後に日本共産党会派の徳本市議が「白井市議は総共産党化しましたね」と痛烈に皮肉った。

●ガザ停戦を求める意見書

• 白井市議会は二〇二三年三月、「ロシアによるウクライナへの侵略を強く非難する決議」を全会一致で可決した。守旧派市議らも全員、賛成したのは、すでに日本政府がロシア軍のウクライナ侵略を批判する声明を出していたからであった。彼らは常に政府に同調する。

しかし彼ら守旧反動の市議らは、一二月一九日の本会議で「ガザ停戦を求める意見書」提出に対しては挙《こぞ》って反対した。国連総会で日本政府が賛否の態度を保留していたからである。二四年の三月議会でも賛成5、反対12で否決された。

議会運営委員会の石井・広沢・田中の3守旧派市議は議案提出締め切り日を1週間早め、提出者の改革派市議を牽制する嫌がらせまでした。

守旧派の〝論客〟と目されている古澤自民党市議は「戦争は無くなるものではない、反対の意見書一つ出して免罪符にしたってだめだ」と長ったらしい説教調の「演説」をした。彼女の「演説」はいつも高邁《こうまい》を装い、事実誤認や生半可な知識に基づき、虚仮《コケ》脅《おど》し。「免罪符を出す」のは罪人や責任のある者が罪科や責任を逃れるために出すもの。意見書提出に賛成する改革派市議たちには何の罪も責任もない。生かじりの知識をひけらかしてはいけない。

• 国連総会は一〇月二七日の緊急特別会合で、人道回廊設置と人道的休戦を求める決議案を、加盟国の３分の２以上にあたる１２１カ国が賛成して採択した。米国とイスラエルが反対し、日本、英国、カナダなど44カ国が棄権した。そして、一一月に４日間の戦闘中止を経て、一二月一日、戦闘が開始された。

国連は一二月一二日、再び緊急特別会合を開き、加盟国の約８割にあたる１５３カ国が人道的休戦を求める決議に賛成。日本も賛成したが、米国やイスラエルなど10カ国が反対した。政府与党化した守旧派各会派は早くに日本政府が賛成に転じることを知っていたならば、白井市議会のガザ停戦発議に挙って賛成しただろうか。彼らは人命重視よりも中央政府の政策を最優先し政府の言いなりになるから。

「面・しろい活性化計画」会派の久保田市議は「政府が停戦に賛成したのに今さら意見書を出しても無駄だ」と提出に反対した。

国連安全保障理事会は二二日、ガザへの人道支援の拡大を求める決議を賛成多数で決議したが、拒否権を握る米国の求めに応じ、「敵対行為の緊急停止」を要求する文言を削除した。「面・しろい活性化」会派は少しも面白くなく、戦闘を活性化させている。

・富山市議会は日本政府が賛成に転じたことを知ってか知らずか、二〇日には、ガザ地区における停戦および人道支援を求める決議案を可決した。

・守旧派12人組も「子どもは（白井の）宝《たから》」と思っているのに、ガザ地区の子供たちの命《いのち》はどうでもいいのか。反理知の頭脳で、少数意見を排除する旧守反動の12人の市議には平和を語る資格はない。

## ⓭「逃げ」の答弁

### ◎質問規制

当局は訊かれたくない質問から逃れようとする。

山梨県では二〇二四年二月、長崎幸太郎知事のインタビューに際し広報担当者が複数の報道機関に政治資金に関する質問はしないよう依頼した。長崎知事は衆院議員時代から自民党二階派に属し、資金管理団体が1千万円超を派閥から受け取っていたのに、収支報告書に記載していなかった。

白井市議会では「一般質問」をする際に質問者は事前に「質問通告文」を提出する。質問者が「逃げ」の答弁に突っ込み質問をすると、前議長も現議長も「通告」から外れていると注意する。質問一回、答弁一回では質疑にならない。

### ◎低迷する環境整備事業組合議会（二〇二四年二月九日）

印西・白井・栄《さかえ》の3市町《しまち》のゴミを処理している印西クリーンセンターが老朽化し、印西市の吉田地区に新しいゴミ処理施設を建設することになった。二〇二三年一二月二六日、「ＪＦＣエンジニアリング」社が落札した。

ＪＦＥは現在のゴミ処理施設を建設し、ゴミ施設の管理運営をしている。しかし、この会社には「前科」がある。かつて「5社談合事件」を起こして印西クリーンセンターに賠償金を払い、近年は竹富町長と談合し、二〇二三年一〇月に有罪が確定した。

それなのに「神鋼環境ソリューション」社より30億5500円高い「JFC」社が落札した。高くつく業者を、なぜ選定したのか。小中学生も疑問視する結果である。

管理者側は、「価格だけで決めると施工不良などの懸念がある」として、入札では価格要素と地域貢献など14項目の「非価値要素」も審査対象に加えた総合評価方式の「加算方式」を採用し、「価格要素」と「非価格要素」をそれぞれ50点満点で点数化して審査した。

すると、価格点では神鋼グループが50点満点に対してJFEグループは45・21点だが、非価格要素点では神鋼グループ32・41点なのに対してJFEグループは37・55点と逆転。合計点でIFEグループが82・76点、神鋼グループが82・41点となり、0・35点差でIFEに決まった。

ところが、組合事務局が正副管理者らに提示した「非価格部分による事業者別比較」は組合事務局が捏造《ねつぞう》したものだった。

印西市の増田葉子市議は、印西市と白井市と栄町がこれまでどのように協議の機会を設け、今後、どのように協議を進めるのかを質《ただ》した。

栄町の塚田湧長町議は「経済性」から見て、約30億高い「JFE」社に、なぜ落札が決まったかを質し、大きな価格差と非価格要素の妥当性を問題視した。

白井市の柴田圭子市議は、環境省が見直しを検討している「加算方式」を管理者が採用したことを問題にした。

組合管理者側は回答に窮し、逃げの答弁に終始した。論点をずらして躱《かわ》し、文末を暈《ぼか》した。「よく分からない」「よく覚えていない」つまり「記憶にない」という逃げの常套句を多用した。

採決前の討論は「討論一人一回の原則」に従って行われ、討論にならず熟議には至らなかった。（「討論一人一回の原則」の詳細については第一部第一話を参照）。

賛成意見は印西市の松尾瑩子市議と軍司俊紀市議が、反対意見は栄町の塚田町議と白井市の柴田市議が述べた。

松尾市議は「地域貢献」になると言うが、潤うのは印西市の中田地区だけで、印西地区全域ではない。軍司市議は、反対意見は「後出し」だと言うが、意見というものは、提案の後に出されるものである。

賛成意見が出ると、それまで厳しい表情だった副管理者の笠井白井市長が賛成意見を聞きながら、ニコニコしているのが目に留まった。

賛否の意見は一人一回しか言えないので討議にならない。議案は賛成5、反対3［増田印西市議＋柴田白井市議＋塚田栄町議］で可決された。

印西と白井の3名の市民が同日、「最小費用で最大効果を」と義務づけた「「地方自治法」に反するなどとして「住民監査」を請求した。

「ごみ施設工事に住民監査請求」と報じた二月十日付の『読売』も「ごみ処理施設28億円高い業者を選定し、印西と白井の市民が住民監査請求」と報じた一一日付の『千葉日報』も、資料の捏造には言及していない。

私も報道陣の一人として傍聴し、答弁に窮する工場長をカメラに収めた。すると、白井市議の長谷川則夫組合議長から注意を受けた。報道者であれば報道機関の腕章をしなさい、と言う。私はフリーのジャーナリストなので特定報道機関の腕章はしていないが、受付で報道陣の一人として認められている、と抗弁した。「朝日新聞」の記者も腕章を付けずに傍聴していた。私は発言者の写真を撮り続け、録音も続けた。自分の発言に疚《やま》しさのある者らは写真と録音を怖れるものだ。また長谷川議長は「通告」文にない質疑に注意を勧告している。

組合管理者の印西市長、白井市長、栄町長らは、いつ、どう議会に報告するのだろう。「東金市外三市町清掃組合」のゴミ処理施設の整備事業については、予算が１３０億円増額されているため、地元議員らが見直しを求めている。

二四年二月九日の組合議会の結果報告は印西市議会でも白井市議会でもなされていない。「一般質問」で追及しようにも両議会の議長は、事前に「質問通告」してないとして、中澤俊介印西市議と徳本光香白井市議の質問を封じた。

### ◎「不発」に終わる「一般質問」

二月二一日の「文化会館機能縮小」に関する「一般質問」は「不発」に終わった。いつも「一般質問」が不発に終るのは質問する市議の質問の仕方だけが悪いとは限らない。

馴れ合い質問が多いが、日本共産党会派の徳本光香市議は文化会館機能縮小問題に鋭く迫った。徳本市議は会議場入口に一般質問用の「徳本市議資料」が置いてあった。「資料」はＡ４用紙の白井市教育委員会の「白井市文化センターのあり方に関する方針」と第６回「文化センターあり方検討委員会」会議資料、「文化センター運営委員会」の意見、市民アンケートや「市民ワークショップ」による市民の意見をまとめたA3用紙6枚から成る。

　これを読めば、文化センター問題の根本がよく分る。教育委員会はこの検討結果を踏まえて、文化会館の4つの機能を全て縮小する方針を打ち出しているから、米政《よねまさ》教育部長や笠井市長は、なぜ4機能を全て縮小するのかを、ズバリ回答すべきだった。

　だが、彼らは複数の会議での検討経過を時間潰しにダラダラ説明するばかりで、なぜ縮小する結論に至ったのかを、ズバリ回答するのを避けた。

　「一般質問」の本来の目的は、市議会と執行機関が協力し合って市政を建設的に進めることにある。だから、馴れ合い質問や論点を躱した回答は「一般質問」の本義から外れるものだ（第三部の七を参照）。

## ⓮否決される改革派の発議　地方から国政を変えられるか

　白井市議会では守旧反動派議員の12人組によって、市民改革派の5人衆の発議が否決されるのが常である。守旧派議員は市執行機関と馴れ合い、市政を監視する役割を果たしていない。

●千葉県の千葉・成田・南房総の3市議会で、市が提議した議案に議員が賛成意見を表明する「賛成討論」の原稿案を、市の担当部課が作成し議員に提供していたことが新たに分かった（二一四年三月二一四日付『朝日』）。白井市議会でも市の担当部課と守旧派議員が打ち合わせして、「賛成討論」の原稿を練ることはざらにあることだろう。議員個人の知識には限界があるから、執行部の提議理由の詳細を確かめるのは問題がないとしても「賛成討論」の原稿まで作成してもらっては不勉強が過ぎる

三月二二日の三月白井市議会最終日は議案が33件、請願と陳情がそれぞれ1件、発議案が7件と議題が山積し、市議会は午後八時まで続いた。

●議案第30号は「常勤の特別職の職員の給与及び旅費等に関する条例の一部を改正する条例の制定について」。「常勤の特別職」とは市長、副市長、教育長の三役。審議会は以前に給与は上げないという答申をしったが、令和五年になって上げるという結論を出した。昨今の市民感情から給与を上げるのは不適切との反対意見もあったが、日頃、市民感情を軽視する平田市議や古澤市議らが賛成意見を展開し、賛成15、反対2で可決された。

●請願第1号「パンデミック条約締結及び国際保健規則改正に係る情報開示を求める意見書採択に関する請願について」と同趣旨の発議案第5号は連動する。

請願の紹介議員である久保田市議は国民感情を軽視する古澤市議の梃入れを水面下で受け、発議案第5号の第2項の「議員、有識者、その他一般国民から意見を聴取する手続きを検討する」を削った。これは請願した市民に対する裏切り。が、賛成12、反対5で「趣旨採択」されたが、実質却下である。久保田市議は「国民からの意見聴取」という第2項を削った発議案第5号の「意見書」の提出者になり、賛成14、反対3で可決された。柴田市議と小田川市議と荒井市議の3名の市議は久保田市議の裏切り行為に激怒して反対した。

久保田市議の裏切り行為は今回だけではない。自らの選挙公約を当選後、撤回している。

●改革派の発議案第1号、第2号、第3号は賛成5、反対12で全て否決された。

・提出者が荒井市議の発議案第1号「ガザ地区の即時停戦と国連パレスチナ難民救済事業機関への援助再開を求める決議」は、「調査が終わっていないから、今直ぐの援助再開に反対」という久保田市議らの反対意見により否決された。

・発議案第2号は提出者が日本共産党の徳本市議の「自民党派閥の政治資金パーティー収入を巡る裏金事件の真相解明を求める意見書について」。

反対質疑として参政党の久保田市議は地方議員と裏金事件との関わりとか検察の捜査や国政調査権以外の真相解明の方法などを質《ただ》したが、提出者に質問の意図が分からないと「逆質問」されて当然である。真相究明の手立ては検察や政倫審の他にも、関係者の証人喚問や参考人招致など幾らもある。

公明党の石井市議は「地方議員の信用に係る問題であると意見書に書いてあるが、その地方議員には白井市の議員も含まれるのか」と質し、白井市議らの提案者に対する反発を煽った。提出者の徳本市議は一般論として地方議員に裏金が流れ、選挙資金として配られる例もあると言い、白井町時代の町議選で選挙買収に因り逮捕された例があり、最近の市議選でも金を配った候補者がいたので、今後の白井市議選にも裏金が流れる可能性があると指摘した。徳本市議は与党自民党がパー券のみならず多額の企業献金を受け取り、企業のための政治を行なうから、国民全体の不利益になると考えている。

久保田市議と同会派の広沢市議は「白井市の公益に係る問題か」と質した。これに対し改革派の荒井市議は「裏金は国民全体の不利益になるから白井市にも係る問題である」と反論。荒井市議は賛成討論でも「白井市民の公益に該当し、他人事《ひと》ではない」と賛成意見を展開した。

守旧派市議12人組は誰一人、反対意見を述べることなく採決に移り、やはり反対12、賛成5で否決された。

一方、千葉県流山市議会は三月一九日、「国会議員による使途不明金の徹底究明と企業・団体献金の全面禁止に関する意見書」を、全会一致で可決した。

・発議案第3号は日本共産党の根本敦子市議が提案者の「志賀原発と柏崎刈羽原発の廃炉を求める意見書について」。

反対質疑として平田市議と石田市議は廃炉費用と廃炉後のエネルギー供給を問題にしたが、廃炉費用は原発会社が工面するのは当然であり、再生エネルギーの開発を進めればエネルギー不足にはならない。

この議案に反対意見を述べる議員は一人もなく、柴田市議と徳本市議が賛成意見を展開したが、守旧派市議12人組の反対に遭い、否決された。

議会運営委員会委員長で「市民の声」会派の柴田市議が提出した「白井市議会議員の請負の状況の公表に関する条例の制定について」の発議案は全会一致で可決された。これが日本共産党会派の提出した発議であれば、12人組の反対に遭って否決されたろう。

（注）最後に改革派5人衆の名前をフルネームで挙げて置くと、徳本光香市議、根本敦子市議、荒井靖行市議、柴田圭子市議、小田川敦子市議。守旧派12人組の名前は議員として列挙するに値しない。しかし、巻末に白井市議会議員名簿を付した。

## ⓯政官人の「ゼロ回答」は不誠実（二四年六月）

「政治資金規正法改正案が「抜け穴」作りに検討に検討を重ねて、国会で成立した。「改正規正法」は「ザル法」で、世論《よろん》に応えた法律ではなく、実質「ゼロ回答」である。

二〇二四年六月、自民党千葉県連所属の二人の国会議員が政治資金パーティーを開く。

千葉県県連会長の桜田義孝議員は元党幹事長代理の林幹雄議員のパーティー開催を「個人の活動と認識」し、自身のパーティーについては「適正・適法に報告」していると語った。

自民党は「政治活動の自由」を名目に自分と党のためにパーティー開催を容認する。が、資金集めをするより「井戸塀政治家」になれ。

千葉県第13区選出の松本尚衆議院議員は「松本ひさし通信」二四年六月号の冒頭を、今般の自民党派閥による資金収支不記載問題では党から何ら処分を受けることなく防衛政務官として職務を継続していると始め、以下の第1面と第2面を、「危機管理のできる国に」と防衛政務官としての活躍ぶりを宣伝している。

つまり「裏金作り」には関わっていないことを強調している。自民党の「改正規正法」の作成にどう関わったかについては言及してない。第1面下部に、「裏金」受け取った高市早苗議員とのツーショットを載せているのも気になる。

東京都知事選に出馬した小池百合子候補は「裏金問題」に言及せずに自民党の支援を受け入れる。市民の代弁者である市議の「一般質問」に「ゼロ回答」では、公務員として怠慢であり、市民の「公僕」ではない。

馴れ合い「一般質問」が多い中、白井市の徳本光香《みつか》議員は二〇二四年二月二一日、文化会館機能縮小問題に鋭く迫った。徳本市議は会議場入口に一般質問用の「徳本市議資料」が置いてあった。「資料」はA4用紙の白井市教育委員会の「白井市文化センターのあり方に関する方針」と第6回「文化センターあり方検討委員会」会議資料、「文化センター運営委員会」の意見、市民アンケートや「市民ワークショップ」による市民の意見をまとめたA3用紙6枚から成る。

これを読めば、文化センター問題の根本がよく分る。教育委員会はこの検討結果を踏まえて、文化会館の4つの機能を全て縮小する方針を打ち出しているから、米政《よねまさ》教育部長や笠井喜久雄市長は、なぜ4機能を全て縮小するのかを、ズバリ回答すべきだった。大ホールの老朽化した天井だけの改修に止めるなら、38億円もかかるはずがない。

だが、彼らは複数の会議での検討経過を時間潰しにダラダラ説明するばかりで、なぜ縮小する結論に至ったのかを、ズバリ回答しない。

徳本議員は二〇二四年六月一三日、学校の教育環境の改善を求める「一般質問」を行なったが、井上功教育長も榛沢宏一教育部長も、実質「無回答」だった。「教員定数や残業削減は県が決めること」「授業時間と休み時間は校長の判断に任されている」などと逃げ捲《まく》った。
「まことに傾聴に値するご意見を拝聴いたしました。できるだけ前向きに検討いたしまして、善処いたしたい所存でございます」（東京は福生市の助役だった篠崎俊夫の『議会答弁心得帖』一九八四年から）。

これでは何一つ具体的に回答しない「ゼロ回答」。結局、何もしないということだ。執行機関には市議らの問題提起に誠実に応える義務がある。
「一般質問」の本義は、市議会と執行機関が協力し合って市政を建設的に進めることにある。だから、馴れ合い質問や論点を躱した回答は「一般質問」の本義から外れるものだ。

市議側も明確な回答を引き出す工夫をしなくてはならない。彼らは逃げまくるだろうから、「改善する気があるのかないのか？　あるならばどのような改善を考えているのか、その方向性を明言してほしい」などと迫らなくてはならない。

それでも逃げるなら、公務員として彼らが不誠実で不適格であることを良識ある市民たちに曝《さら》け出すことになる。（二〇二四年六月）

## ⑯市民運動、また頓挫か　「千葉県第13区市民連合」か（二〇二四年八月）

・「千葉県第13区」は我孫子市・鎌ヶ谷市・白井市・印西市・富里市・栄町・酒々井町の7市町から成る小選挙区。「千葉第13区市民連合」は次の衆院選で自民候補を当選させないことを運動目標の一つにしている。私は「市民連合ニュース」で自民党の松本ひさし氏を「推せない5つの理由」を読んで、賛同。

「市民連合」は「立憲民主」の宮川伸・元衆院議員を野党統一候補として有力視している。二〇二四年八月一一日、「立憲」「共産」「社民」の野党議員を招いて「千葉第13市民連合」の全体集会が開かれた。

私は宮川氏を直撃した。宮川氏は共産党票を得ないと当選が難しいし、共産党員や共産党シンパが彼に投票するのを、彼は当然、知っている。

なのに、先の千葉県議補選の時と同じように日本共産党の推薦支援を明言しないのだろうか。共産党の強力な支援を受けていながら、それを明言しないなら、不義理でありヤクザの仁義にも劣る。

宮川氏は、それは立憲本部と共産党本部が決めることだ、自民候補を当選させないことが第一だ、浮動している無党派層から得票したいので共産党の名前を出さないのも止む無しなどと、一般論で私の質疑を躱《かわ》そうとした。私は党本部がどうあれ、宮川氏個人の本意を知りたかったのだ。

共産票なしに宮川氏の当選は難しいし、「共産」が独自候補を立てても落選する。同席していた「共産」の斉藤和子・元衆院議員までが宮川氏の一般論での「逃げ」に賛同した。しかも会場では、この二人の一般論に賛同する拍手が起こった。

これまで「共産」は「立憲」に何度も蔑《ないがし》ろにされてきた。「共産」は「立憲」に踏まれても踏まれても追《つ》いて行く「下駄の雪」か。

・私は「コミュニストより赤く、アナーキストより黒い」からだろう、政治集会でよく発言封じに遭う。「市民連合」のこの集会で私はまたもや司会進行役の影山廣輔《こうすけ》・元白井市議から発言封じに遭った。影山氏はこれまでも立憲系の集会で再三、私の発言を封じている。「市民連合」集会の第2部「みんなで話そう」には「市民と各政党の来賓で、自由に質問や意見をかわしましょう」とあった。なのに、私にだけ、たったの「2分間」、と発言時間を制限するのか。

・私は宮川候補の「逃げ」の一般論に反論したかった。宮川候補が「共産」からの支持を鮮明にしたら、「立憲」の公認が得られないと言うならば、「立憲」を離党して「共産」からの推薦支援を明言して「無所属」で立候補すればいい。「共産」に義理と仁義を尽くすには、これくらいの覚悟が必要だろう。でなければ、宮川氏は政治家ではなく次の選挙だけを考える政治屋だ。

つまり、「千葉13区市民連合」という市民団体が宮川氏を無所属候補として擁立し、選挙の資金面でも宮川氏を支え、「共産」も推薦候補とし、無党派層も惹き入れれば、当選可能だ。千葉13区では都知事選の石丸候補のような「隠れ自民」候補者が出て、「自民」を離れた保守票をごっそり奪って宮川候補を牽制する動きがあるかもしれないが、都知事選の蓮舫候補の二の舞を演じることにはなるまい。

しかし、日本共産党員及びそのシンパも「市民連合」に結集しているのだから、「共産」の推薦支援をわざわざ明言する必要はないと、小癪《こしゃく》な論法を弄する輩も居るだろう。

宮川氏が離党して無所属で立候補すれば、「立憲」は選挙資金を出さない。ならば、「市民連合」が一口1万円の資金カンパを募れば、いい。口は出すけど金は出さないでは筋が通らない。「市民連合」にも、これぐらいの覚悟がなければ、地方から国政を変えられない。

宮川氏も「市民連合」にこれほどまでに見込まれたのなら、「立憲」を離党してでもその期待に応《こた》えるべきである。

・閉会後、３人の女性の共産党員から、「私たちも訊きたかったことです」と私の追及と憤りに同感を示してくれた。

しかし、会場ではこの「発言封じ」に対して「異議あり」の声が一声も挙がらず、私の問題提起に賛同する声も挙がらなかった。

・宮川氏は日本共産党とは共闘せず、「立憲」の独自候補として千葉13区から立候補するつもりらしい。理由は「政党色を出すと、支持政党なしの市民に拡がらない」からだ。

しかし、「立憲」の公認候補として立候補するのなら、政党色が出るではないか。飛んだ屁理屈だ。日本共産党と組むと得票が減る、共産党が独自候補を立てられるはずがないから、共産党との共闘を宣言しなくても共産党票は自然と「立憲」候補の自分に流れるという打算が見え隠れする。

宮川氏は共産票より連合票を重視し、自民に失望した保守票を手に入れ、浮動する無党派層も惹き入れようという腹だろう。となると、共産票は軽くなる。

・村山政権は一九九三年、「地方分権推進法」を制定し、第一次安倍政権は二〇〇九年、「地方分権改革」に代わって「地方主権改革」を標榜し、民主党政権発足後に原口一博《かずひろ》総務相は「地方自治基本法」を制定しようとした。地方分権は政治の当然の流れである。そして、地方から国政を変える。「地方自治は民主主義の学校」だから。

枝野幸男「立憲」元代表は代表選を前に「共産」と全国一律の次期衆院選協力を否定して、「地•

域ごと連携を進める」考えを示したが、「共産」の小池晃書記局長は「政党間の合意が必要だ。地域だけの合意で進めるわけにはいかない」と反発した（8月26日）。

私は政党本部同士の合意による全国一律の野党共闘ではなく、地域の政治環境を考慮して地域ごとに野党共闘を進めるべきだと考える。でないと、「共産」はまたもや、「立憲」の「下駄の雪」になる惧れがある。

・では、「自民」候補を推さない「第13区市民連合」としてはどうすればいいのか。共産党員を含む「市民連合」の役員会には、自民候補を落選させるのを第一の目標として、やはり「立憲」の宮川氏を推すべきだとの意見が多い。共産党系の役員も、宮川候補が共産党との共闘を明言しなくても宮川氏を推して「恩」を売っておいて、当選後に影響力を発揮すべきだと主張する。しかし、これまで「共産」が「縁の下の力持ち」となって当選させた立憲議員は当選後、「共産」に「恩」を感じて「共産」のために何をしてくれたというのだ。仮に野党連立政権が出来ても、日本共産党はせいぜい閣外協力ではないか。

日本共産党は、また「立憲」の「下駄の雪」になるのか。日本共産党は近年、コトを丸く収めようとして「好々爺」化した観を呈している。「立憲」頼みは止めて、「共産」が野党第一党になって野党共闘をリードすべきだ。

・私は五月二五日の懇談会で、志位和夫議長に「共産党は野党共闘や選挙協力する際に立憲民主に譲り過ぎではないか」と質《ただ》すと「これ以上譲る気はない」と明言した。志位議長は「好々爺」になっていなかった。

日本共産党は常時、挙げ足取りの不当な批判に曝《さら》されているが、志位議長は変革への「希望」を熱っぽく語った。一方、田村智子委員長も「希望をあなたと共に」と呼びかける。

ひとは「希望する動物」（エーリッヒ・フロム『希望の革命』）。私も、ザメンホフと同じく「希望する《エスペラン》人《チスト》」。常に変革を希望《エスペーリ》している。私は市民運動の成功も希望する。

（二〇二四年八月）

## ✍なだいなだ『老人党宣言』（２００３年）再評価

「なだ・い・なだ」はスペイン語の nada y nada で「何もないし、何もない」の意味だ。「何もない」と謙称するが、決して「つまらぬ人（nadie）」ではない。本名が「堀内秀《しげる》」という歴《れっき》とした精神科医であり、作家だ。

氏は２００３年４月、仮想政党─ヴァーチャルな政党─である「老人党」を立ち上げ、１カ月足らずの間に4万件のアクセスがあり、7月中旬まで1万件を超す書き込みがあり、１日に数件の電話がかかってきた。

が、当時は小泉政権の全盛期。「老人党宣言」はやたら「感動した」を連発する小泉を感動させることはできず、自民党を打《ぶ》っ壊すこともできなかった。

アルコール依存症が専門の一つのなだ氏は小泉らを「米国依存症」と呼んだ。「米国依存症」の罹ると現憲法を米国の「押し付け憲法だ」と言って改憲を唱えるから不思議だ。

反理知な小泉ら自民党議員の多くは戦没者と戦死者の区別がつかず、「戦没者を慰霊して、なぜ悪い」と意気がるが、靖国には祀られているのは戦死者だけ。原爆や東京空襲など戦渦で亡くなった戦没者たちは祀られていない。

「これまでの老人は、これまでの政治に責任があります」「現代の行き詰まり状態をもたらした政治家たちを、選挙で盲目的に支持し、投票してきた責任です」「積極的に政治を変えてこなかった責任」が老人にはある。

「政治は言葉で動く」が老人党のモットー。「老人党には、年金生活に入り、収入はふえなくとも、首にはならない人がかなりいます。ですから比較的自由に発言できます。これは若いひとにはうらやましいことかもしれません。若い人は、首になるのが心配で、いいたいことがあっても口に出来ないことがあるでしょう。。だから、いうべきことをはっきりいうのが老人の義務ではないかと思うのです」。

当時でも、75歳以上の高齢者は1千万人を超えていた。老人層は「支配的イデオロギーから相対的に自由な階層」だから、お年寄りは変革の担い手になれるのだ。

では、何をすればいいのか。先ず現職政治家の言動や選挙区状況について情報交換し、次回の総選挙で老人や弱者に冷たい政策に賛成してきた政治家の名前を公表して、そんな候補者には投票しないよう呼びかける。次期総選挙では、「旧統一教会」と「濃厚接触」したり「裏金」を受け取った議員らに投票しないことだ。鳥取県知事を務めた片山善博氏も、「悪い人を落とすのが選挙だ」と言っている。

次期総選挙を前に立ち上がった「千葉県第13区市民連合」は運動目標の一つとして、現職の自民党議員を推さない「5つの理由」を挙げている。要するに、政治屋どもに投票しないよう呼びかけた「老人党宣言」と同じで、主権者たる者は政治屋どもを監視しなければならないのだ。

全国のお年寄りの皆さん、政治変革のために「連帯」しましょう。政治を変えられるのは、円熟した理知と感性を持つ皆さんです。

## 【付論】年金生活者は変革の担い手

知識社会学者のカール・マンハイムは、支配的イデオロギーから相対的に自由である集団や階級階層は「社会的に自由に浮動するインテリゲンツチャ」であるとした。そして彼らには二つの道があり、一つは「個々の階級や党派に盲目的に加わる道」、もう一つは「自分自身の位置と使命に対する厳密な知識に基づく決定を行なう道」であると書いた（『イデオロギーとユートピア』一九二九年と『変革期における人間と社会』一九四〇年）。

しかし今、知識人や専門家の多くは第一の道を選び、時の政権に「盲目的に」参画し国策を推し進める尖兵となり、職業上の義務を怠っている。

自治体議員になるのは主として、自由の利《き》く年金生活者。常勤サラリーマンの青壮年層は議員になれない。自由業でもない限り、議員給料だけでは生活できないからだ。だから、自治体議会は定年後の職場になる。

年輪を重ねた老人たちはそれなりに「知恵者」である。組織機構から解放され生き残るために「面従腹背」する必要もなくなった。「社会的に自由に浮動」できる退職老人層が異議申し立てをすれば、変革の力になる。

しがらみのない年寄りは過激化する。私はコミュニストより赤く、アナーキストより黒いと自認している。

しかし、退職老人層に変革を望むのは無理な話しか。現役時代の価値観が皮膚となり肉となり骨の髄まで沁み込んでしまっていて、古着を脱いで変身したぐらいでは、改心できないかもしれない。

人間には4つの幸せがあると仏僧は説く。「ひとに愛されること」「ひとに褒《ほ》められること」「ひとに役立つこと」「ひとに必要とされること」だ。現役の社会人には一理あるが、しかし、これは世間に合わせて生きることを勧める坊主の説法であり、道徳教科書に採用される訓話である。年金生活者には当てはまるか。

白井市の「コロナ看板」設置反対運動を担った主要メンバーのほとんどは定年退職した老人層だった。しかし、老耄《ろうもう》が嵩《こう》じたか、体たらく、市民運動の理念を忘れ去っていた。市政に異を唱える住民運動は、年寄りの道楽ではない。

年寄りの特性は、頑迷と円満の混在。頑迷である一方で、丸くコトを収めたがるが、変革には頑固なまでの執拗さと円熟した知性の両方が必要だ。でないと、老人層による住民運動は「老人クラブ」とみなされ、「老害」視されかねない。中高年層が主力の「しろい九条の会」や「白井平和委員会」なども例外ではない。

白井市の西白井街区は「本当に住みやすい街大賞２０２３シニアランキング第2位に選ばれた。白井市の六五歳以上の人口は26%。年金生活者は凡そ26%から30%。

しがらみから解放されて自由になった年金生活者は「古い上着」を脱げば、社会変革の担い手になれる。「雪割桜《ゆきわりざくら》」になれるのは若者だけでなく年金生活者である。

古代アテネの民主政を成熟させたのは余暇がたっぷりあるアテネ市民たちだった。年金生活者は暇であり自由である。「万国の年金生活者よ、団結せよ！」

## 【資料】白井市議会議員名簿

| 議席番号 | 職名<br>氏名 | 所属委員会等 | 所属政党 | 当選回数 | 所属会派 |
|---|---|---|---|---|---|
| 18 | 議長<br>岩田 典之 | 総務企画常任委員会 | 無所属 | 6回 | 北総一揆 |
| 17 | 副議長<br>秋谷 公臣 | 教育福祉常任委員会<br>印西地区環境整備事業組合 | 無所属 | 3回 | 面・しろい活性化計画 |
| 16 | 議員<br>柴田 圭子 | 議会運営委員会委員長<br>教育福祉常任委員会委員長<br>印西地区環境整備事業組合 | 無所属 | 7回 | 市民の声 |
| 15 | 議員<br>古澤由紀子 | 総務企画常任委員会<br>印西地区消防組合 | 自由民主党 | 6回 | しろい令和 |
| 14 | 議員<br>石井 恵子 | 議会運営委員会<br>総務企画常任委員会副委員長<br>印西地区消防組合 | 公明党 | 5回 | 会派 公明党 |
| 13 | 議員<br>長谷川則夫 | 議会運営委員会<br>都市経済常任委員会委員長<br>印西地区環境整備事業組合<br>議会だより編集会議副会長 | 自由民主党 | 5回 | しろい令和 |
| 12 | 議員<br>伊藤 仁 | 教育福祉常任委員会、<br>柏・白井・鎌ケ谷環境衛生組合 | 自由民主党 | 4回 | しろい令和 |
| 11 | 議員<br>田中 和八 | 総務企画常任委員会委員長<br>議会運営委員会 | 無所属 | 3回 | しろい未来 |
| 10 | 議員<br>広沢 修司 | 議会運営委員会副委員長、<br>都市経済常任委員会副委員長<br>柏・白井・鎌ケ谷環境衛生組合 | 無所属 | 3回 | 面・しろい活性化計画 |
| 9 | 議員<br>小田川敦子 | 都市経済常任委員会<br>印西地区消防組合 | 無所属 | 3回 | 市民の声 |
| 8 | 議員<br>平田 新子 | 都市経済常任委員会<br>柏・白井・鎌ケ谷環境衛生組合<br>議会だより編集会議会長 | 無所属 | 3回 | New Wave しろい |
| 7 | 議員<br>徳本 光香 | 議会運営委員会<br>教育福祉常任委員会副委員長<br>柏・白井・鎌ケ谷環境衛生組合<br>議会だより編集会議 | 日本共産党 | 2回 | 日本共産党 |
| 6 | 議員<br>荒井 靖行 | 教育福祉常任委員会<br>千葉県後期高齢者医療広域連合<br>議会だより編集会議 | 立憲民主党 | 1回 | 市民の声 |
| 5 | 議員<br>石原 淑行 | 教育福祉常任委員会 | 公明党 | 1回 | 会派 公明党 |
| 4 | 議員<br>久保田江美 | 都市経済常任委員会 | 参政党 | 1回 | 面・しろい活性化計画 |
| 3 | 議員<br>石田 里美 | 総務企画常任委員会<br>議会だより編集会議 | 無所属 | 1回 | さわやか白井 |
| 2 | 議員<br>武藤美砂子 | 都市経済常任委員会<br>議会だより編集会議 | 公明党 | 1回 | 会派 公明党 |
| 1 | 議員<br>根本 敦子 | 総務企画常任委員会<br>議会だより編集会議 | 日本共産党 | 1回 | 日本共産党 |

# あとがき

●彼らは根本的な議論を避け、逃げてばかりいる。確答を「差し控え」て、派閥解消とも政治資金規正法の改正を「選択肢として否定するものではない」と及び腰。だから、本著のタイトルを「何、逃げてんだ」とすべきだったかもしれない。

国会議員の中に政治家が少なくなった。当選したいがために怪しげな教義の「統一教会」と「濃厚接触」する政治屋、コロナ渦中でもパーティ券を売りさばいて裏金を稼ぐ政治業者が大手を振って国会内外を闊歩するが、お答えを差し控え、政倫審に出席するしない、公開するしないと逃げ回る。そんな連中に投票する有権者がいるから、馬鹿不思議。

●中央政界のキックバック（還流）という政治文化は地方政界にまで浸透している。

「不倫」は「文化」だと強弁した芸能人も居て、芸能界の不倫スキャンダルは跡を絶たず、すでに芸能界の性文化として定着している。「不倫」も「文化」なら、政治家ならぬ政治屋の「統一教会」との「濃厚接触」も文化と呼んでいい。

二〇二三年の漢字は「税」と言うよりは「金」。自民党安倍派の政治資金パーティ券収入から還流した裏金を受け取っていた鈴木淳司議員は総務相を辞任した。

鈴木議員は「この（政治の）世界で文化と言えば変だが、その認識があった」と語った。「キックバック（還流）」は、政治文化として浸透していた。

未開社会に見られる浪費的饗宴の交換「ポトラッチ」に限らず、あらゆる社会に贈与交換の体系があり、「与える」「受け取る」「返す」という三つの互酬性の義務が機能している。

彼らは互酬を繰り返すことによって、権力と信頼を堅持する。これら三つの義務の一つでも怠れば、たちまち権力と信頼を失う。

派閥の領袖はパーティ券の売り上げ額に応じて派閥議員にキックバックする。傘下の議員はこのキックバックを受け取らなければならず、またパーティ券を売って派閥に貢がなければならない。この構図は派閥に身を置く限り存続する。

だが、このキックバックは政治文化であっても、政治倫理に反する。しかし、審査される側の国会議員から成る政治倫理審査会は全く機能しない。

社会人類学者は社会組織が近代化しても社会構造は変わらないと言う（中根千枝）。野党は「裏金調査チーム」を立ち上げたが、タテの人間関係が底流する社会構造をどこまで変えられるか。

（『週刊金曜日』二〇二四年二月九日号掲載の拙論「キックバックはポトラッチ」）。

●政治不信というより政治家不信が高まっている。政治家の知性の鈍化が激しい。

静岡県の川勝平太知事は二〇二四年四月一日、県の新人職員への訓示で、「野菜を売ったり、牛の世話をしたり、モノを作ったりとは違い、皆さんは頭脳、知性の高い方。それを磨く必要がある」

と語った。

川勝知事は元々、経済学者だから知性が相当高かったはず。しかし、知事就任後は知性を磨くのを怠った。

私の暮らす白井市には高学歴や有名学歴の議員が少なくないから、知性は相当高いはず。ところが、市議としての言動には知性が感じられない。市政に携わる市長や市職員も知性を磨いているとは言えない。彼らは民主主義の学校の教師でありながら、理性も知性も感性も鈍化している。彼らは梨の栽培にどれほど知性が必要かを知っているだろうか。

二階俊博自民党元幹事長の記者会見（二〇二四年三月二五日）での次期選挙不出馬表明にも知性の著しい鈍化が見られる。「バカヤロウ」とは彼自身のことである。

二階議員は「スパッと」という言葉をよく口にしていたが、任期切れを待たずに「スパッと」議員を辞めない。派閥の裏金事件で処分された関係議員も「スパッと」議員を辞職しない。

知性も正しく使わないで、詭弁強弁にだけ使うと劣化する。知性を磨き正しく使わないから知性が鈍化し暈けて、馬鹿になり呆ける。

辞職を表明していた川勝知事は四月一〇日、退職届を提出。川勝氏は退職届提出に際し「細川ガラシャの辞世の句が思い浮かび、花は散る時期を知っているからこそ美しい。人もそうありたいものだ」と語った。自分の引き際を美化したに過ぎない。私は氏の感性を疑う。

知性や理性だけでなく感性も著しく鈍化した政界人は往生際まで悪い。老いて呆けた政界人は消え去るべし。

●岸田首相が敗戦の日、自民党総裁選出馬を断念、一兵卒として敗者の花道を歩む。しかし、一般国民からは惜しむ声が上がらない。

「しめた」と思ったのは、岸田氏を矢面に立たせて台風一過を待っていた「脛に傷」の連中だ。岸田氏は自民党の汚れを一身に引き受けて持ち去ってくれた。好機とばかりに11人も総裁選に名乗りを上げた。

岸田氏も「逃げ」を決め込んだ。岸田氏は一兵卒どころか自民党の重鎮として長老政治の一翼を担うだろう。

年寄りには頑迷と円満が混在する。頑迷に、事態を丸く収めるのが長老の得意技だ。

自民党政治は老害政治。「統一教会」と「濃厚接触」しセクハラ容疑も濃厚だった国会議長は先立ち、ぼそぼそ言っては問題の本質を暈《ぼか》すのを得意とした自民党元幹事長は今期限りで引退するが、老体を引き摺ってしゃしゃり出る体育会系の元首相と皇族宜しく帽子を被って出歩く失言常習犯の阿呆副総裁は健在で、事態を旧態依然に戻したがる。

変革には繋がらない。

●［付論］で高齢者に政治参加を訴えたが、若者にも政治参加を促したい。

評論家の赤塚行雄は石坂洋次郎の『青い山脈』を「戦後民主主義の教科書」と呼んだ。映画『青い山脈』の主題歌に、

「若くあかるい歌声に

雪崩は消える花も咲く
青い山脈　雪割桜《ゆきわりざくら》
空のはて、きょうもわれらの夢を呼ぶ」

と謳う。

この藤山一郎と奈良光枝の歌を聴くと、私は宮城県の片田舎での中学高校時代を想い出して、目頭が熱くなる。

「雪割桜」は、今も盛岡地方裁判所の庭の巨石の割れ目に咲く古木「石割桜」を連想させ、雪も石も割って、旧習や古い考え方を打ち割り「明日に根を張り生きて行く」（大沢桃子の演歌「石割桜」）、地方の若者たちへのエールになっている。

（二〇二四年九月）

## 著者紹介

佐々木健悦（ささき けんえつ）

1947年、宮城県志田郡三本木町（現・大崎市三本木）に生まれる。東京外国語大学モンゴル語学科を卒業、同大ロシア語学科に学士入学在籍、その後、千葉県下の高校で英語教員。2008年3月退職。同年4月からモンゴル国の大学で、約1年間、日本語教師を務めた。その後、ウランバートル市の『モンソダル』社でモンゴル語日本語辞典の編纂に携わった。2010年7月からモンゴル国営モンツァメ通信社に勤務し、日本語週刊紙『モンゴル通信』の編集翻訳と日本語監修に従事、2018年8月退職。「社会評論社」より、13年4月に『検証◎民主化モンゴルの現実』、同年11月に『徳王の見果てぬ夢—南北モンゴル統一独立運動』、15年4月に『脱南者が語るモンゴルの戦中戦後一九三〇～一九五〇年』、同年11月に『現代モンゴル読本』、2016年11月に『コトバニキヲツケロ！現代日本語読本』、17年10月に『現代モンゴル読本増補改訂版』、22年9月に『こんな人たち　地方自治と住民運動の今』（第6回「むのたけじ地域・民衆ジャーナリズム賞」を受賞）、22年12月に『ノモンハン戦記を読み解く』、23年4月に『政治言語の研究』、23年12月に『反理知時代のマインド･コントロール』、「消される記憶遺産—モンゴル抑留吉村隊『暁に祈る』事件」で第7回石橋湛山平和賞を受賞。専門はモンゴル近現代史と社会言語学と地方自治。

**「何、やってんだ！」地方から政治を変える**

---

2024年10月1日　初版第1刷発行

著　者：佐々木健悦
発行人：松田健二
発行所：株式会社 社会評論社
東京都文京区本郷2-3-10
電話：03-3814-3861 Fax：03-3818-2808
https://www.shahyo.com
装幀・組版：株式会社 カテナ
印刷・製本：倉敷印刷 株式会社

---

# こんな人たち
## 自治体と住民運動

佐々木健悦著

**第1部 「こんな人たちに負けるわけにはいかない」千葉県白井市議会傍聴記**



**第2部 自治体議会改革と地方自治活性化のために**



本体2100円+税 四六判並製308頁

# 反理知時代のマインド・コントロール

佐々木健悦著

第1講　マインド・コントロールの諸相と深度
第2講　マインド・コントロールのロジックとレトリック
第3講　政治言語のレトリックとロジック
第4講　教育現場のマインド・コントロール
第5講　反理知社会のマインド・コントロール
第6講　知識人の価値意識変容
第7講　マインド・コントロールに抗う理知主義
第8講　反理知時代の地方選と自治体議会

本体２５００円＋税　四六判並製２５６頁